Özgür Bozkurt

EU-DSGVO und Compliance

Rechtliche und wirtschaftliche
Herausforderungen

Bozkurt, Özgür: EU-DSGVO und Compliance. Rechtliche und wirtschaftliche
Herausforderungen, Hamburg, Igel Verlag RWS 2018

Buch-ISBN: 978-3-95485-363-2
PDF-eBook-ISBN: 978-3-95485-863-7
Druck/Herstellung: Igel Verlag RWS, Hamburg, 2018

Bibliografische Information der Deutschen Nationalbibliothek:
Die Deutsche Nationalbibliothek verzeichnet diese Publikation in der Deutschen
Nationalbibliografie; detaillierte bibliografische Daten sind im Internet über
http://dnb.d-nb.de abrufbar.

Das Werk einschließlich aller seiner Teile ist urheberrechtlich geschützt. Jede Verwertung außerhalb der Grenzen des Urheberrechtsgesetzes ist ohne Zustimmung des Verlages unzulässig und strafbar. Dies gilt insbesondere für Vervielfältigungen, Übersetzungen, Mikroverfilmungen und die Einspeicherung und Bearbeitung in elektronischen Systemen.

Die Wiedergabe von Gebrauchsnamen, Handelsnamen, Warenbezeichnungen usw. in diesem Werk berechtigt auch ohne besondere Kennzeichnung nicht zu der Annahme, dass solche Namen im Sinne der Warenzeichen- und Markenschutz-Gesetzgebung als frei zu betrachten wären und daher von jedermann benutzt werden dürften.

Die Informationen in diesem Werk wurden mit Sorgfalt erarbeitet. Dennoch können Fehler nicht vollständig ausgeschlossen werden und die Diplomica Verlag GmbH, die Autoren oder Übersetzer übernehmen keine juristische Verantwortung oder irgendeine Haftung für evtl. verbliebene fehlerhafte Angaben und deren Folgen.

Alle Rechte vorbehalten

© Igel Verlag RWS, Imprint der Diplomica Verlag GmbH
Hermannstal 119k, 22119 Hamburg
http://www.diplomica.de, Hamburg 2018
Printed in Germany

Inhaltsverzeichnis

Inhaltsverzeichnis 1

1 Einleitung 7
    1.1 Ausgangssituation und Problemstellung der Arbeit 7
    1.2 Ziel der Arbeit und Forschungsfragen 8
    1.3 Aufbau und Methodik der Arbeit 8

2 Datenschutz 10
    2.1 Überblick über und Entwicklung von Datenschutz 10
    2.2 EU-Datenschutz-Grundverordnung 10
        2.2.1 Historische Entwicklung und Ziele der DSGVO 10
        2.2.2 Grundsätze der DSGVO 12
        2.2.3 Kontrolle von Datenschutzmaßnahmen 14
        2.2.4 Öffnungsklauseln 17
    2.3 Weiterführende Rechtsgrundlagen im Datenschutz 19
        2.3.1 Bundesdatenschutzgesetz 19
        2.3.2 IT-Sicherheitsgesetz 20
        2.3.3 Telekommunikationsgesetz und Telemediengesetz 20
        2.3.4 EU-Richtlinien und EU-Regelungen 21
    2.4 Anwendungsbereiche von Datenschutzanforderungen 22
        2.4.1 Allgemeine Anwendungsbereiche der DSGVO 22
        2.4.2 Produkterstellung und -vermarktung 23
        2.4.3 Datensicherheit 25
        2.4.4 Auftragsverarbeitung 27
        2.4.5 Beschäftigtendatenschutz 28
    2.5 Herausforderungen und Kritik in Bezug auf die DSGVO 29
        2.5.1 Rechtliche Herausforderungen 29
        2.5.2 Wirtschaftliche Herausforderungen 34
        2.5.3 Kritische Anmerkungen aus der Literatur 37

3 Compliance 40
    3.1 Begriffsbestimmung und -abgrenzung 40
    3.2 Compliance als Bestandteil des GRC-Managements 42
    3.3 Motive für die Errichtung eines Compliance-Managements 44
    3.4 Organisation und Implementierung von Compliance 46
        3.4.1 Zuständigkeiten und Strukturen 46
        3.4.2 Bestandteile eines Compliance-Management-Systems 47
        3.4.3 Control-Frameworks für IT-Compliance 52
    3.5 Zusammenhänge von Datenschutz und Compliance 57

4 Compliance-Antworten auf die Herausforderungen der DSGVO 59

    4.1 Verortung von Datenschutzthemen im Compliance-System 59

        4.1.1   Konsequenzen der rechtlichen Herausforderungen für Compliance 59

        4.1.2   Konsequenzen der wirtschaftlichen Herausforderungen der Compliance 65

    4.2 Lösungsansätze 69

        4.2.1   Verhaltensregeln und Zertifizierung 69

        4.2.2   IT-Compliance nutzen 73

        4.2.3   Compliance-Audit-Inhalte erweitern 77

        4.2.4   Stresstests 79

5 Fazit 81

    5.1 Zusammenfassung der Ergebnisse 81

    5.2 Diskussion und Würdigung der Ergebnisse 83

Abbildungsverzeichnis 85

Tabellenverzeichnis 85

Abkürzungsverzeichnis 86

Quellenverzeichnis 88

1 Einleitung

1.1 Ausgangssituation und Problemstellung der Arbeit

Datenschutz ist eine große Herausforderung für privatwirtschaftliche Unternehmen. In dessen Zusammenhang müssen sie beispielsweise sicherstellen, dass ihre elektronischen Datenbestände rechtmäßig erhoben werden und vor dem Zugriff Unbefugter geschützt sind. Dabei spielen Themen wie der Standort von Speichermedien, die Speicherungsdauer und der Umfang der Daten eine große Rolle. Die Personen, zu denen die Daten gehören, müssen außerdem in der Regel darüber informiert sein und ggf. bei Datenpannen benachrichtigt werden. Dazu sind in den Unternehmen Beauftragte sinnvoll, die die Einhaltung des Datenschutzes überwachen.

Im Mai 2016 wurde das europäische Datenschutzrecht neu geregelt. Die EU-Datenschutz-Grundverordnung (DSGVO), die nach einer zweijährigen Übergangsfrist im Mai 2018 verbindlich wird, beinhaltet eine Harmonisierung der unterschiedlichen in der EU gültigen Rechtsgrundlagen. Allerdings sehen Öffnungsklausel vor, dass verschiedene Bereiche auf nationaler Ebene ausgestaltet bzw. konkretisiert werden.

Mit der Einrichtung von Compliance-Systemen, die für die Einhaltung von rechtlichen Rahmenbedingungen sorgen sollen, haben Unternehmen bereits ein potenzielles Instrumentarium, um auch Datenschutzbelange abzusichern. Auch wenn noch kein Compliance-System implementiert wurde, kann nach der Einführung der DSGVO ein solches im Zuge der Datenschutzaktivitäten in Betracht gezogen werden, um Synergieeffekte zu nutzen. So können und sollten Compliance- und Datenschutzbelange im Unternehmen verbunden behandelt werden – auch um die Organisation zu straffen und klare Zuständigkeiten einzuhalten. Im Rahmen der vorliegenden Arbeit soll von der Existenz von Compliance-Zuständigen in Form einer Abteilung oder eines Compliance-Officers ausgegangen werden. An wenigen Stellen wird ausgeführt, wie Datenschutzmaßnahmen sich im Zuge einer Neuimplementierung eines Compliance-Systems integrieren lassen.

Allerdings zeichnet sich die Problematik ab, dass sich aus der DSGVO Neuregelungen ergeben werden, die bislang noch wenig definiert vorliegen. Die zukünftig geltenden Leitfäden sowie eventuelle Zertifizierungsoptionen sind heute – Stand Juni 2017 – noch nicht formuliert. Welche rechtlichen und wirtschaftlichen Konsequenzen sich im Detail ergeben, kann an vielen Stellen bislang nur geschätzt werden.

1.2 Ziel der Arbeit und Forschungsfragen

Gerade weil Unklarheit darüber besteht, was genau sich nach Mai 2018 durch genauere Anweisungen und zukünftige Rechtsprechung ändert, kann die Integration der Anforderungen der DSGVO in die Compliance-Überlegungen eines Unternehmens zu Vorteilen führen: Durch eine systematische Bearbeitung und Vergabe von Zuständigkeiten kann die flexible Reaktion auf genauere Umstände gewährleistet werden. Auch kann die Struktur eines Compliance-Management-Systems (CMS) die Kontrolle der jeweiligen Ist-Zustände erleichtern und so offenlegen, an welchen Stellen Nachbesserungsbedarf besteht, um der DSGVO zu genügen.

Das Ziel der vorliegenden Untersuchung ist es, die Herausforderungen zu identifizieren, die Datenschutz insbesondere nach Inkrafttreten der DSGVO in rechtlicher und wirtschaftlicher Hinsicht an Unternehmen stellt. Diese sollen im Anschluss mit möglichen Compliance-Systemen in Verbindung gebracht werden, um Lösungen für die identifizierten Problembereiche zu erarbeiten.

Dabei lautet die konkrete Forschungsfrage:

In welcher Hinsicht und in welchem Maße kann die neue Datenschutz-Grundverordnung zu Veränderungen in den Compliance-Systemen von Unternehmen führen?

Im Zuge der Beantwortung der Forschungsfrage gilt es, das Ausmaß abzuschätzen, in dem sich Potenziale, Synergien oder Risiken ergeben.

1.3 Aufbau und Methodik der Arbeit

Im anschließenden Kapitel 2 werden Aspekte des Datenschutzes vorgestellt. Nach einem kurzen Überblick über die historische Entwicklung der Gesetzgebung in Deutschland (Kap. 2.1) wird detailliert auf die EU-Datenschutzgrundverordnung, ihre Entwicklung, Grundsätze und Öffnungsklauseln eingegangen (Kap. 2.2). Da Unternehmen weiteren Regelungen gegenüberstehen, die teilweise durch die DSGVO abgelöst werden, aber auch zum Teil weiter bestehen bleiben, werden die relevanten Rechtsgrundlagen vorgestellt (Kap. 2.3). Die Anwendungsbereiche der DSGVO mit Bezügen zu den anderen Regelungen sind Gegenstand von Kapitel 2.4. Hier soll herausgestellt werden, an welchen Stellen im Unternehmen Datenschutz verortet sein kann und welche Regelungen der DSGVO genau zu Änderungen führen können. Welche rechtlichen und wirtschaftlichen Herausforderungen sich daraus für Unternehmen ergeben und wie diese bislang in der Literatur aufgegriffen wurden, wird als Abschluss des zweiten Kapitels behandelt (Kap. 2.5).

Kapitel 3 ist der Compliance gewidmet. Nach der begrifflichen Klärung und der Einordnung in das Risikogefüge von Unternehmen (Kap. 3.1 und 3.2) werden die Motive für die Einrichtung von Compliance-Systemen beleuchtet (Kap. 3.3). Wie ein solches System strukturiert sein und im Unternehmen besonders in Hinblick auf die IT umgesetzt werden kann, wird in Kapitel 3.4 ausgeführt. Kapitel 3 schließt mit einer ersten Verknüpfung von Datenschutz- und Compliance-Themenkreisen.

Inwiefern nun mithilfe der Strukturen, die sich in Compliance-Systemen finden lassen, den Herausforderungen des in der DSGVO neu geregelten Datenschutzes begegnet werden kann, soll in Kapitel 4 untersucht werden. Zunächst werden dazu die am Ende des zweiten Kapitels beschriebenen Herausforderungen aufgegriffen und im Compliance-Kontext verortet (Kap. 4.1). Anschließend werden Lösungsansätze präsentiert, die wiederum verstärkt auf IT bezogen werden und mit denen die Risiken für das Unternehmen, sich nicht gesetzestreu zu verhalten, vermindert werden sollen (Kap. 4.2).

Die Arbeit schließt mit einem Fazit in Kapitel 5 ab.

2 Datenschutz

2.1 Überblick über und Entwicklung von Datenschutz

Das erste Bundesdatenschutzgesetz wurde 1977 auf den Weg gebracht. Zu dieser Zeit sollten besondere Gefahren abgewendet werden, die bei der Verarbeitung von personenbezogenen Daten angenommen wurden. Bereits zuvor hatte 1970 Hessen als erstes Land der Welt ein Datenschutzgesetz verabschiedet, das auf der Diskussion um Privatheit und dem sog. Mikrozensus-Beschluss des Bundesverfassungsgerichts aus dem Jahr 1969[1] beruhte, in dem die Unvereinbarkeit der Erfassung aller persönlichen Daten durch den Staat mit Art. 1 Abs. 1 Grundgesetz festgeschrieben wurde.[2]

Das Thema Datenschutz stand kurz darauf im Fokus der breiten Öffentlichkeit, als 1983 eine geplante Volkszählung zu Protesten in der Bevölkerung führte, in deren Folge das Bundesverfassungsgericht die Zählung aussetzte. Seit dem sog. Volkszählungsurteil aus dem Jahr 1983 werden personenbezogene Daten durch das darin begründete Recht auf informationelle Selbstbestimmung geschützt.[3]

In der Folge wurden der Inhalt und die Verwendung bzw. Erhebung von personenbezogenen Daten weiter differenziert. Im Jahr 2006 wurden informationelle Selbstbestimmung und Fernmeldegeheimnis abgegrenzt. Seitdem ist geregelt, dass Daten auf dem Weg der Übertragung durch das Fernmeldegeheimnis und nach ihrer Speicherung durch die informationelle Selbstbestimmung geschützt werden. Im Zuge der Globalisierung und technologischen Entwicklung mit zunehmender Internetnutzung musste auch dieser Bereich Regelung erfahren. 2008 wurden Persönlichkeitsrechte durch ein Urteil des Bundesverfassungsgerichts auf Computer und Mobiltelefone ausgeweitet und deren nicht legitimierte Überwachung unterbunden.[4]

2.2 EU-Datenschutz-Grundverordnung

2.2.1 Historische Entwicklung und Ziele der DSGVO

Ausgehend von Aktivitäten des Europarats seit den 70er-Jahren wurde im Jahr 1980 ein „Übereinkommen zum Schutz des Menschen bei der automatischen Verarbeitung personenbezogener Daten" als Konvention vom Ministerrat verabschiedet, die von

---

[1] Vgl. Bundesverfassungsgericht, Beschluss vom 16.07.1969.
[2] Vgl. Thomale 2006, S. 61.
[3] Vgl. Die Bundesbeauftragte für den Datenschutz und die Informationssicherheit o. J.
[4] Vgl. Geis und Helfrich 2016, S. XII-XIII

Frankreich, Norwegen, Schweden und Spanien und später auch von Deutschland und Österreich ratifiziert wurde. Im Lauf der Zeit nahm der Einfluss der Europäischen Gemeinschaft zu und so wurde Datenschutz auf EG-Ebene weiter geregelt. Im Jahr 1995 wurde die erste EG-Datenschutzrichtlinie 95/46/EG (DSRL) in Kraft gesetzt, die 2001 von einem Zusatzprotokoll zur Errichtung unabhängiger Kontrollstellen ergänzt wurde. Weitere Richtlinien folgten, wie zum Beispiel die Richtlinie 2006/24/EG zur Vorratsdatenspeicherung.[5]

Neue Relevanz hat im Zuge der Globalisierung die Datensicherheit in anderen Ländern erlangt. Bereits in der Richtlinie von 1995 war in Art. 25 Abs. 6 geregelt, dass das Schutzniveau in Bezug auf Persönlichkeitsrechte und Privatsphäre durch die Europäische Kommission festgestellt werden muss, um den Datentransfer in Drittländer zu legitimieren.[6] Auf der Basis der sog. Safe-Harbor-Entscheidung waren in den USA, die grundsätzlich nicht als legitimiertes Drittland gelten, solche Unternehmen als sicher eingestuft worden, die sich den Prinzipien von Safe Harbor im Zuge einer Selbstzertifizierung unterworfen hatten. Diese Praxis wurde 2015 vom EuGH für ungültig erklärt, weil die Einhaltung der Prinzipien der US-amerikanischen Unternehmen nicht den in Europa gewünschten Schutz, beispielsweise vor dem Zugriff von Geheimdiensten, gewährleisten können.[7] Inzwischen wurde das umstrittene Privacy Shield (s. Kapitel 2.3.4) zwischen den USA und der EU eingesetzt.

Aus der Vielzahl der Regelungen, die sich im nationalen Recht aus den umzusetzenden Richtlinien ergaben, entstand eine wettbewerbsrechtlich unsichere Situation, die den freien Handel der Güter- und Dienstleistungswirtschaft hemmte. Um diese Problematik zu eliminieren, veröffentlichte die EU-Kommission am 25. Januar 2012 den Entwurf für eine Datenschutz-Grundverordnung, die als Ersatz für die Richtlinie aus dem Jahr 1995 gedacht war. Auch das Europäische Parlament sowie der Rat der Europäischen Union haben eigene Entwürfe zu diesem Thema in den Jahren 2014 und 2015 eingebracht. Schließlich wurde durch einen Trilog ein Gesamtkompromiss erarbeitet, der im April 2016 beschlossen und vom Parlament verabschiedet wurde. Diese EU-Datenschutz-Grundverordnung (EU 2016/279, im weiteren DSGVO) wurde im Mai 2016 veröffentlicht und trat im selben Monat in Kraft. Sie gilt gem. Art. 99 Abs. 2 nach zwei Jahren und somit ab dem 25. Mai 2018.[8]

---

[5] Vgl. Westphal 2009, S. 54-56.
[6] Vgl. Härting 2016, S. 45.
[7] Vgl. Bauer 2016, 22-23.
[8] Vgl. Laue et al. 2016, S. 29.

Folgende Ziele stehen bei der DSGVO im Vordergrund:[9]

- Im *digitalen Zeitalter* ist eine Anpassung der Rechtsnormen an neue Herausforderungen wie neue Technologien, Big Data und internationale Vernetzungen und Datentransfers erforderlich.
- Es sollen *Harmonisierungsbestrebungen* verfolgt werden, die die unterschiedlichen Umsetzungen und Auslegungen der Richtlinie 95/46/EG in den Mitgliedstaaten notwendig gemacht hatten.
- Von Datenverarbeitung Betroffene sollten gleichzeitig aber in ihren Grundrechten nach Art. 8 der Grundrechte-Charta (GRCh) der EU aus dem Jahr 2000 auf *Schutz der personenbezogenen Daten* gestärkt werden.
- Die unterschiedlichen Regelungen zur *länderübergreifenden Strafverfolgung* sollen erleichtert werden.

Nach Roßnagel ist das neue Datenschutzrecht nicht unbedingt als Modernisierung zu sehen, weil die DSGVO die Grundrechte der Betroffenen nicht ausreichend schütze. Außerdem sei es unter Zeitdruck zustande gekommen, was trotz der Korrekturen durch Europarat und EU-Parlament dazu führt, dass Datenschutz durch die Öffnungsklauseln nach wie vor auf europäischer und daneben auf nationaler Ebene geregelt wird.[10] Der Digitalverband Bitcom hat grundsätzlich die Bemühungen der DSGVO begrüßt, eine einheitliche Regelung für alle Unternehmen zu schaffen, die in der EU tätig sind. Allerdings wird als Kritik formuliert, dass der Verwaltungsaufwand durch sie erheblich ansteige und die Rechtssicherheit hinter den Erwartungen zurückbleibe, da die vielen Neuregelungen eher für Verwirrung sorgen würden. Als Beispiele werden Dokumentations-, Melde- und Genehmigungspflichten angeführt, die in den folgenden Kapiteln beschrieben werden.[11]

2.2.2 Grundsätze der DSGVO

Die EU-Datenschutz-Grundverordnung beruht auf bestimmten Grundregeln, die allgemeine Prinzipien der Datenverarbeitung konkretisieren. Zu diesen Prinzipien zählen der Maßstab von Treu und Glauben, erforderliche Transparenz und das unaufgeforderte Informieren über die Verarbeitung personenbezogener Daten. Sie sind in Art. 5 DSGVO bestimmt. Die Grundregeln greifen dies auf:[12]

---

[9] Vgl. Albrecht und Jotzo 2017, S. 37-40.
[10] Vgl. Roßnagel 2017 S. 327-328.
[11] Vgl. Shahd und Dehmel 2015.
[12] Vgl. Gola et al. 2017, S. 31-34.

Die *Rechtmäßigkeit* der Datenverarbeitung wird in Art. 6 DSGVO geregelt. Darin ist das sog. Verbot mit Erlaubnisvorbehalt festgeschrieben. Eine Möglichkeit, die Erlaubnis zu erteilen, ist die Einwilligung, die in Art. 7 DSGVO beschrieben ist. Die betroffene Person muss eindeutig und freiwillig erklärt oder bestätigend gehandelt haben und kann die gegebene Einwilligung jederzeit widerrufen. Dabei muss der Zweck, zu dem die Einwilligung erteilt wird, genannt werden.[13] Liegt keine Einwilligung vor, so kann die Verarbeitung von Daten dennoch rechtmäßig sein, wenn einer der Erlaubnistatbestände aus Art. 6 DSGVO greift. Zu diesen zählen z. B. die Gefährdung der öffentlichen Sicherheit oder lebenswichtige Interessen beteiligter Personen.[14] Sofern weder Einwilligung noch einer der anderen Tatbestände erfüllt ist, ist die Verarbeitung der Daten verboten.[15]

Im Zuge der geforderten *Transparenz* ist es notwendig, dass die Öffentlichkeit oder eine bestimmte betroffene Person Informationen „präzise, leicht zugänglich und verständlich sowie in klarer und einfacher Sprache abgefasst"[16] erhalten kann. Der Umfang der Verarbeitung muss nachvollziehbar sein.[17] Auf der Basis der in Art. 5 DSGVO beschriebenen Prinzipien von Treu und Glauben sowie Transparenz werden in den Art. 12-14 DSGVO festgelegt, wie die transparente Information und Kommunikation ausgestaltet werden soll. Zu den Informationspflichten gehören beispielsweise die Angabe der Kontaktdaten des Datenschutzbeauftragten, die Information über Rechte, wie das Recht auf Auskunft über die verarbeiteten Daten und Beschwerderechte sowie Ansprüche auf Berichtigung und Löschung von Daten.

Die *Rechte der betroffenen Person*, über die transparent informiert werden muss, sind in den Art. 16 ff. der DSGVO beschrieben. Dabei werden alle Rechte gegenüber einem Verantwortlichen ausgeübt, der nach Art. 4 Nr. 7 DSGVO die Stelle oder natürliche oder rechtliche Person ist, die Entscheidungen zu Zweck und Mittel der Datenverarbeitung trifft. Die Rechte beziehen sich zum Teil auf das bereits beschriebene Herstellen von Transparenz.[18] Weiterhin wird das Recht auf Berichtigung falscher personenbezogener Daten bzw. die Ergänzung unvollständiger Daten mit Art. 16 DSGVO in den Vordergrund gestellt. Art. 17 DSGVO befasst sich mit der Löschung der Daten und damit gleichzeitig dem Recht auf Vergessenwerden, das auf einem Urteil des Europäi-

---

[13] Vgl. Loof und Schefold 2016, S. 181.
[14] Vgl. Wybitul 2016a, S. 98.
[15] Vgl. Gola et al. 2017, S. 35.
[16] Gola et al. 2017, S. 44.
[17] Vgl. Wybitul 2016a, S. 22.
[18] Vgl. Laue et al. 2016, S. 43, 133.

schen Gerichtshofs (EuGH) gegen Google Spanien aus dem Jahr 2014 beruht[19] und der dauerhaften Speicherung von personenbezogenen Daten entgegenwirken soll. Die Voraussetzung dafür, die Löschung zu verlangen, ist, dass der Betroffene seine Einwilligung widerrufen hat oder die Daten für die Auftragserfüllung nicht mehr notwendig sind. Außerdem sind unrechtmäßig verarbeitete Daten ebenfalls unverzüglich auf Verlangen zu löschen.[20] Zu den Rechten gehören weiterhin das auf Einschränkung der Datenverarbeitung, wenn ein eingelegter Widerspruch noch nicht entschieden ist, die Daten unrechtmäßig erlangt wurden oder deren Richtigkeit angezweifelt wird. Die Einschränkung gilt im Verhältnis zur Löschung als das mildere Mittel, mit dem ein Interessenausgleich zwischen Betroffenem und Verantwortlichem geschaffen wird.[21] Widerspruch einzulegen ist ein Recht, das gesondert in Art. 21 geregelt ist. Schließlich besteht das in der DSGVO neu geschaffene Recht auf Datenübertragbarkeit, das die Portabilität von Daten erleichtert und dem Betroffenen seine Daten durch den Verantwortlichen in übertragbarer Form zugänglich machen und die Übermittlung an einen anderen Verantwortlichen erleichtern soll.[22]

2.2.3 Kontrolle von Datenschutzmaßnahmen

Die *Datenschutzkontrolle* findet in einem System aus unterschiedlichen Instanzen statt. Dazu gehören die Betroffenen selbst, Verbraucherverbände, der später beschriebene unternehmenszugehörige Datenschutzbeauftragte sowie Aufsichtsbehörden, der Bundes- sowie die Landesdatenschutzbeauftragten und ggf. ein Betriebsrat.[23] Die in der DSGVO bestimmten Beteiligten werden nachfolgend ausgeführt:

- Der *Datenschutzbeauftragte* wird erstmals auf europäischer Ebene unter bestimmten Voraussetzungen verpflichtend eingeführt. So müssen Behörden und öffentliche Stellen mit Ausnahmen von Gerichten, die im Rahmen ihrer justiziellen Tätigkeit handeln, einen Datenschutzbeauftragten benennen (Art. 37 Abs. 1 lit. a DSGVO), private Unternehmen müssen es dann tun, wenn sie aufgrund ihrer Kerntätigkeit Personen umfangreich beobachten.[24] Der Datenschutzbeauftragte ist nach der neuen Rechtslage in Art. 38 Abs. 4 DSGVO Berater für Betroffene, der nach Abs. 5 zu Vertraulichkeit und Verschwiegenheit verpflichtet ist. Nach Art. 39 Abs. 1 lit. e DSGVO ist er zudem Anlaufstelle für

---

[19] Vgl Paal 2017b, 206.
[20] Vgl. Gola et al. 2017, S. 52.
[21] Vgl. Paal 2017a, S. 218.
[22] Vgl. Laue et al. 2016, S. 154.
[23] Vgl. Gola et al. 2017, S. 62-63.
[24] Vgl. Maier und Ossoinig 2017, S. 207.

Aufsichtsbehörden und gem. Erwägungsgrund 97 zur DSGVO Unterstützer für Verantwortliche oder der Auftragsdatenverarbeitenden.[25]

- Art. 51 Abs. 1 DSGVO regelt, dass in jedem Mitgliedsstaat mindestens eine *Aufsichtsbehörde* eingerichtet wird, die nach Art. 52 unabhängig agieren muss und deren Aufgaben und Befugnisse in den Art. 57 und 58 geregelt sind (vgl. Abbildung 1).

Abbildung 1: Aufgaben und Befugnisse der Aufsichtsbehörden nach DSGVO[26]

Eine *datenschutzkonforme Organisation* wird von Unternehmen über den Datenschutzbeauftragten hinaus gefordert und beispielsweise in einem PDCA-Zyklus-orientierten Managementsystem umgesetzt (s. Kap. 3.4.2). So kann u. a. der Rechenschaftspflicht (Accountability) nachgekommen werden.[27] Dazu gehört der Nachweis, dass die in Art. 5 Abs. 1 festgelegten Grundsätze für die Verarbeitung personenbezogener Daten nach Art. 5 Abs. 2 eingehalten werden. Art. 24 DSGVO sieht in diesem Zusammenhang vor, dass der Verantwortliche geeignete technische und organisatorische Maßnahmen einrichten muss, um die Durchsetzung der Regularien aus der DSGVO sicherzustellen. Auch in Art. 32 DSGVO sind solche Maßnahmen zur Datensicherheit genannt, die in einem Datenschutzmanagementsystem (DSMS) zusammengefasst werden können. Dieses umfasst „die Gesamtheit aller dokumentierten und implementierten Regelungen, Prozesse und Maßnahmen, die dazu dienen,

---

[25] Vgl. Laue et al. 2016, S. 191.
[26] Aus: Gola et al. 2017, S. 65.
[27] Vgl. Gola et al. 2017, S. 56.

einen datenschutzkonformen Umgang mit personenbezogenen Daten im Unternehmen systematisch zu steuern."[28] Das DSMS steht auch insofern im Zusammenhang mit Compliance, als es im Prüfstandard des Instituts für Wirtschaftsprüfer IDW PS 980 (s. Kap. 3.4.2) als Teil der Corporate Governance eines Unternehmens berücksichtigt wird und nach diesem zertifizierbar ist.

Das Managementsystem soll gewährleisten, dass eine *Strategie* vorliegt, in der Zuständigkeiten definiert und Mitarbeiter sensibilisiert und geschult werden sowie Kontrolltätigkeiten implementiert sind. Außerdem sind datenschutzfreundliche *Technologien* zu verwenden, deren Sicherung dem Stand der Technik entsprechen soll.[29] So besteht auf technischer Ebene die Pflicht zum Datenschutz durch die Gestaltung der Technik (Data Protection by Design), bei dem das Prinzip der Datensparsamkeit umgesetzt werden soll. Das führt zum Grundgedanken des Data Protection by Default, was bedeutet, dass die Grundeinstellungen der Anbieter bereits datenschutzfreundlich eingerichtet sind.[30]

Auch sind durch das Managementsystem *Dokumentationsaufgaben* zu erfüllen. So ist gem. Art. 30 DSGVO ein Verzeichnis der Verarbeitungstätigkeiten vom Verantwortlichen zu erstellen, das beispielsweise den Zweck der Verarbeitung, den Namen und die Kontaktdaten des Verantwortlichen oder des Datenschutzbeauftragten und eine allgemeine Beschreibung technischer und organisatorischer Maßnahmen beinhaltet. Diese Dokumentation ist notwendig, um den beschriebenen Auskunfts- und Informationsrechten der Betroffenen nachkommen zu können.[31] Außerdem ist in Art. 33 Abs. 5 festgelegt, dass im Falle von Datenpannen genau dokumentiert werden muss, wie es dazu kam und welche Maßnahmen ergriffen wurden, um dem zu begegnen. Die Verletzung muss der *Meldepflicht* genügend den Aufsichtsbehörden gemeldet werden, sofern die persönlichen Daten der Betroffenen in Gefahr sind. Die Betroffenen selbst müssen gem. Art. 34 Abs. 1 DSGVO unverzüglich informiert werden, wenn „die Verletzung des Schutzes personenbezogener Daten voraussichtlich ein hohes Risiko für die Rechte und Freiheiten natürlicher Personen" nach sich zieht.

Die *Datenschutzfolgenabschätzung* gem. Art. 35 DSGVO ist dann notwendig, wenn für den Betroffenen ein hohes Risiko durch die Datenverarbeitung entsteht. Dies ist gem. Art. 35 Abs. 3 DSGVO insbesondere dann der Fall, wenn systematisch Profiling betrieben wird, sensible personenbezogene Daten verarbeitet oder öffentliche Bereiche

---

[28] Vgl. Katko et al. 2016, S. 11.
[29] Vgl. Gola et al. 2017, S. 56.
[30] Vgl. Albrecht und Jotzo 2017, S. 92.
[31] Vgl. Albrecht und Jotzo 2017, S. 93.

überwacht werden.[32] Die Abschätzung enthält eine Beschreibung der Verarbeitungssystematik, die Einschätzung der Verhältnismäßigkeit von Maßnahmen und Risiken und eine Beschreibung der Gegenmaßnahmen. Sollte die Folgenabschätzung zu dem Ergebnis führen, dass die Maßnahmen zu hohen Risiken führen und keine geeigneten Gegenmaßnahmen vorhanden sind, dann können im Zuge einer *Vorabkonsultation* bei der zuständige Aufsichtsbehörde Empfehlungen eingeholt werden.[33]

Die DSGVO sieht unterschiedliche *Sanktionsbereiche* vor, nach denen Unternehmen Konsequenzen für die Nichteinhaltung drohen. Im Rahmen einer zivilrechtlichen Haftung können Schadensersatzansprüche aufkommen, die Haftung für Ordnungswidrigkeiten ist mit Bußgeldern verbunden und schließlich können strafrechtliche und verwaltungsrechtliche Sanktionen erfolgen.[34] Bußgelder können dem Verantwortlichen oder Auftragsdatenverarbeitenden gem. Art. 83 Abs. 4, 5, 6 DSGVO je nach Artikel, gegen den verstoßen wurde, in Höhe von bis zu 10 bzw. 20 Mio. Euro oder 2 bzw. 4 % des weltweiten Umsatzes auferlegt werden.

2.2.4 Öffnungsklauseln

Obwohl mit der DSGVO das europäische Recht einheitlich geregelt werden sollte, gibt es nach wie vor Bereiche, in denen konkret oder implizit auf die Ausgestaltung durch nationales Recht verwiesen wird. In der Tradition von EU-Recht, das mithilfe von Öffnungsklauseln solche auf Mitgliedsstaaten bezogene Konkretisierungen ermöglicht, werden verschiedene Bereiche geöffnet. Beispielsweise besteht hinsichtlich der *Presse-, Meinungs- und Informationsfreiheit* nach Art. 85 Abs. 1 eine Pflicht, das Recht auf Schutz der personenbezogenen Daten mit diesen Freiheiten in Übereinstimmung zu bringen. Einen rudimentären *Beschäftigtendatenschutz* sieht Art. 88 DSGVO vor, der – nach Albrecht sehr umstritten – den Mitgliedsstaaten die Möglichkeit einräumt, durch Rechtsgestaltung oder Kollektivvereinbarungen unter Wahrung der Menschenwürde, Grundrechte und der berechtigten Interessen der Betroffenen eigene Regelungen zu beschließen.[35] Auch in Bezug auf *Forschung und Statistiken* bestehen Individualrechte, die allerdings nicht anonyme Daten betreffen, denn diese fallen nicht in den Regelungsbereich der DSGVO. Andere zu wissenschaftlichen Forschungszwecken erhobene Daten waren bereits durch die DSRL privilegiert, was im Bundesdatenschutzgesetz (BDSG) auch auf nationaler Ebene umgesetzt worden war. Durch die

---

[32] Vgl. Marshall 2017, S. 157.
[33] Vgl. Albrecht und Jotzo 2017, S. 94-95.
[34] Vgl. Gola et al. 2017, S. 21.
[35] Vgl. Albrecht und Jotzo 2017, S. 133-135.

DSGVO wird nun der Forschungszweck weiter ausgelegt und zudem auch die Verarbeitung zu statistischen Zwecken privilegiert. Das begrenzt die Informations- und Auskunftspflichten noch stärker als zuvor.[36]

Auch die Unterwerfung von *Berufsgeheimnisträgern* unter den Zugriff durch Aufsichtsbehörden kann in Ausnahmefällen auf nationaler Ebene geregelt werden. Weiterhin ist der Umgang mit *Kirchen und Religionsgemeinschaften* dahingehend geöffnet, dass diese ihre eigenen Verarbeitungsregeln weiterführen dürfen.[37]

Eine Kategorisierung von Handlungsspielräumen kann in Konkretisierung der Vorschriften, Ergänzung um länderspezifische Details oder Modifikation im Sinne einer Abweichung von den DSGVO-Regelungen erfolgen. Außerdem können die Öffnungsklauseln in folgende Kategorien unterteilt werden:[38]

- *Allgemeine* Öffnungsklauseln ermöglichen verschiedene Abweichungen, ohne konkrete Themen im Fokus zu haben. Dagegen sehen *spezifische* Öffnungsklauseln Regelungen für beschränkte Bereiche vor.
- Bei *obligatorischen* Öffnungsklauseln wird explizit in der DSGVO bestimmt, dass die Mitgliedstaaten eigene Regelungen zu treffen haben. Dagegen lassen *fakultative* Öffnungsklauseln die oben genannten Optionen als Möglichkeit offen und laufen auf Konkretisierungen, Modifikationen oder Ergänzungen hinaus.

Darüber hinaus unterscheiden die Autoren *echte* Öffnungsklauseln von *unechten*. Erstere zeichnen sich dadurch aus, dass sie sich mit dem Hinweis auf das Recht der Union oder des Mitgliedstaates direkt aus der Formulierung des betreffenden Artikels ergeben, während Letztere auch auf andere, weiterführende Artikel mit konkreten Öffnungsklauseln bezogen sein können.[39] Kategorien von Öffnungsklauseln schließen sich gegenseitig nicht aus, sondern können auch gleichzeitig eingeräumt werden.[40]

In den Kapiteln 2.1 und 2.2.1 wurde die Entwicklung der DSGVO und flankierender bzw. zugrunde liegender Gesetze beschrieben. Im Folgenden soll dargestellt werden, welche Rechtsgrundlagen aktuell neben der DSGVO gültig sind.

---

[36] Vgl. Laue et al. 2016, S. 72.
[37] Vgl. Albrecht und Jotzo 2017, S. 136.
[38] Vgl. Kühling 2016, S. 9-12.
[39] Vgl. Kühling 2016, S. 11.
[40] Vgl. Kühling und Martini 2016, S. 450.

2.3 Weiterführende Rechtsgrundlagen im Datenschutz

2.3.1 Bundesdatenschutzgesetz

Bereits im Jahr 1977 wurde das Gesetz zum Schutz vor Missbrauch personenbezogener Daten bei der Datenverarbeitung als erste Fassung eines Bundesdatenschutzgesetzes erlassen. Dieses musste nach dem sog. Volkszählungsurteil (vgl. Kap. 2.1) novelliert werden, um den Vorgaben des Bundesverfassungsgerichts und technologischen Neuerungen gerecht zu werden.[41] Mit der DSRL aus dem Jahr 1995, die auf nationaler Ebene bis 1998 umzusetzen war, ergaben sich weitere Änderungen. Diese wurden in die mit einiger Verzögerung 1999 entworfene und 2001 verabschiedete dritte Fassung des BDSG einbezogen. Im selben Zuge wurden bereits moderne Ansätze wie das Prinzip der Datensparsamkeit oder der Datenvermeidung implementiert, somit wurde der technische Fortschritt berücksichtigt. Seit 2001 ist außerdem die Sensibilität von besonderen personenbezogenen Daten im Gesetz beschrieben.[42]

In mehreren Novellierungen wurde das Gesetz 2009 wiederum an neue Umstände angepasst. Angeregt durch Datenschutzskandale, die unter anderem mit der Nachvollziehbarkeit von Kreditratings zusammenhingen, wurde die Transparenz von Rating-Verfahren und damit die Rechtssicherheit von Unternehmen sowie die Rechte von Betroffenen gestärkt.[43] Einzelne Themen der Novellierungen waren die Stärkung der Position des internen Datenschutzbeauftragten, ein besserer Schutz von Verbraucherdaten, die zu Werbezwecken verwendet wurden, ein höherer Rahmen für Bußgelder und zusätzliche Tatbestände, die diese auslösen sowie die Verschärfung von Anforderungen an nicht-schriftliche Einwilligungen.[44]

Wenn die DSGVO im Mai 2018 verbindlich wird, müssen die neuen Regelungen im nationalen Recht angepasst werden. In Deutschland scheint es bislang so zu sein, dass in diesem Zuge das seit 1977 bestehende, mehrfach novellierte BDSG durch ein neues Bundesdatenschutzgesetz (BDSG-neu) abgelöst wird. Dies soll beispielsweise weiterhin die Bestellpflicht für Datenschutzbeauftrage in Unternehmen, die Datenverarbeitung betreiben, beinhalten, und zwar schärfer als in der DSGVO vorgesehen. Auch die 2009 eingeführten Veränderungen hinsichtlich der Scoring-Verfahren sollen beibehalten werden. Neu wird die Befugnis deutscher Behörden sein, Angemessenheitsbeschlüsse der EU-Kommission zum Datenschutzniveau in Drittländern anzugrei-

---

[41] Vgl. Thomale 2006, S. 61, 63.
[42] Vgl. Gola und Jaspers 2011, S. 8-9.
[43] Vgl. Geis und Helfrich 2016, S. XVI-XVII.
[44] Vgl. Gola und Jaspers 2011, S. 9.

fen.[45] Der Bundestag hat in zweiter und dritter Lesung das Datenschutz-Anpassungs- und -Umsetzungsgesetz EU (DSAnpUG-EU) beschlossen,[46] dem der Bundesrat am 12.05.2017 zugestimmt hat.[47]

2.3.2 IT-Sicherheitsgesetz

Durch die zunehmende Vernetzung von unterschiedlichen Lebensbereichen und den steigenden Anteil technologischer Funktionen im Alltag sind auch die Risiken für die Sicherheit von Daten stark gestiegen. Daraus ergab sich die Notwendigkeit für ein IT-Sicherheitsgesetz, das im Jahr 2015 in Kraft getreten ist. Besonders die Betreiber kritischer Infrastrukturen, die nach dem durch das IT-Sicherheitsgesetz geänderten § 2 Abs. 10 Gesetz über das Bundesamt für Sicherheit in der Informationstechnik (BSIG) u. a. in den Sektoren Energie, IT-Technik, Transport und Verkehr, Gesundheit sowie Versicherungs- und Finanzwesen beheimatet sind, werden nach dem Gesetz zu zusätzlichen Sicherungsmaßnahmen verpflichtet.[48] Dabei ist der jeweilige Stand der Technik zu berücksichtigen, was den Betreibern regelmäßige Erneuerungen auferlegt.[49]

2.3.3 Telekommunikationsgesetz und Telemediengesetz

In Deutschland sind Fragen der Telekommunikation, auch in Bezug auf Datensicherheit sowie was die Infrastruktur und verbundene Dienstleistungen betrifft, seit 1996 im Telekommunikationsgesetz (TKG) geregelt, das seinerzeit das Fernmeldeanlagengesetz ersetzte. Seit 2007 besteht darüber hinaus das Telemediengesetz (TMG), dessen Bezugsgegenstand nach § 1 Abs. 1 TMG elektronische Informations- und Kommunikationsdienste umfasst, die nicht vom TKG abgedeckt sind. Das Verhältnis von TMG, TKG und BDSG wird so bestimmt, dass die transportierten Inhalte dem BDSG unterliegen, während das TMG die Transportvehikel regelt und das TKG den Transport selbst.[50]

In Bezug auf die Umsetzung der DSGVO ergeben sich insbesondere auf den datenschutzrechtlichen Teil des TMG bezogene Fragen. Das sog. „Breyer-Verfahren" hatte zum Gegenstand, ob IP-Adressen personenbezogene Daten seien oder nicht und

---

[45] Vgl. Kramer 2016, S. 191.
[46] Vgl Kraska 2017.
[47] Vgl. Hülsmann 2017.
[48] Vgl. Laue et al. 2016, S. 212.
[49] Vgl. Sowa 2017, S. 32.
[50] Vgl. Dorschel 2015, S. 175.

weiterhin, ob diese durch das TMG geschützt seien.[51] Im Zuge der Urteilsfindung ergab sich die Argumentation, dass es sich zwar um geschützte Daten handele, deren Schutz nach TMG allerdings der noch gültigen DSRL widerspreche.[52] Das stellt letztlich den gesamten Datenschutz-bezogenen Teil des TMG in Frage, der nach dem Inkrafttreten der DSGVO im Jahr 2018 in der Folge hinfällig wird.[53]

2.3.4 EU-Richtlinien und EU-Regelungen

Eine weitere europäische Richtlinie befindet sich derzeit in der Überarbeitung zur Verordnung:[54] Die Richtlinie 2002/58/EG (*ePrivacyRL*), deren Gegenstand ebenfalls der Schutz personenbezogener Daten und der Privatsphäre betrifft, war in Deutschland in der Hauptsache im TKG sowie im Gesetz gegen unlauteren Wettbewerb (UWG) umgesetzt.[55] Art. 95 der DSGVO bestimmt, dass sie zwar vorläufig Bestand hat, aber Erwägungsgrund 173 folgend nach Mai 2018 überarbeitet werden soll.[56] Die Entwürfe der Verordnung lassen darauf schließen, dass zukünftig auch Messenger-Dienste von ihr erfasst werden. Auch wird die Verwendung von Cookies neu geregelt.[57]

Daneben existieren eine Richtlinie zum Schutz personenbezogener Daten bei der Verarbeitung durch Polizei und Justiz (EU 2016/680) sowie eine Verordnung zum Schutz personenbezogener Daten bei der Verarbeitung durch EU-Organe und Einrichtungen (EG 45/2001),[58] die im Rahmen der vorliegenden Arbeit nicht weiter ausgeführt werden sollen.

In Kapitel 2.2.1 wurde erläutert, dass die EU-Kommission ggf. eigene Vereinbarungen treffen kann, was die Sicherheit der Datenverarbeitung in Drittländern betrifft. Nachdem die so getroffene Safe-Harbor-Entscheidung der Europäischen Kommission 2015 vom EuGH für ungültig erklärt wurde, bestand neuer Regelungsbedarf für den Datenaustausch zwischen der EU und den USA. Am 12. Juli 2016 wurde der *EU-U.S. Privacy Shield* von der Europäischen Kommission verabschiedet. Im Gegensatz zum Safe-Harbor-Abkommen sind nun jährliche Treffen der Aufsichtsbehörden vorgesehen, um die Angemessenheit und Wirksamkeit des neuen Regelwerks zu besprechen. Außerdem wurden die Rechte europäischer Bürger gestärkt, die beispielsweise nun

---

[51] Vgl. Marosi 2017, S. 226-227.
[52] Vgl. Dachwitz 2016.
[53] Vgl. Marosi 2017, S. 236-242.
[54] Vgl. Hülsmann 2016.
[55] Vgl. Gola et al. 2017, S. 27.
[56] Vgl. Albrecht und Jotzo 2017, S. 66.
[57] Vgl. Herting und Kröger 2017.
[58] Vgl. Hoffmann 2017, S. 2.

über Beschwerde- und Auskunftsrechte verfügen. Vor allem wurde erstmals eine Zusage des amerikanischen Nachrichtendienstkoordinators hinsichtlich der Begrenzung von staatlichem Zugriff auf Daten im Interesse der nationalen Sicherheit erteilt.[59] Allerdings ist das Privacy Shield nach der Ablösung der DSRL durch die DSGVO im Jahr 2018 vom Nachfolgeorgan der bislang nach Art. 29 zuständigen Arbeitsgruppe neu und nach höheren Maßstäben zu bewerten. Somit schafft der EU-U.S. Privacy Shield keine langfristige Rechtssicherheit.[60] Aus der aktuell im Bundestag beschlossenen Neufassung des BDSG geht außerdem hervor, dass auch deutsche Aufsichtsbehörden in Zukunft das Recht haben sollen, solche Kommissionsentscheidungen anzufechten.[61]

2.4 Anwendungsbereiche von Datenschutzanforderungen

2.4.1 Allgemeine Anwendungsbereiche der DSGVO

Nach der Darstellung der Regelungen, die sich mit Datenschutzthemen befassen, soll im Folgenden ausgeführt werden, welche – vor allem in Unternehmen vorkommenden – Bereiche und Themenkreise Gegenstand von Datenschutzbemühungen sein können. Dazu schreiben Geis und Helfrich, dass Datenspuren sich aus der Nutzung sozialer Netzwerke ebenso ergeben wie aus der Überwachung von Mitarbeitern, Empfehlungsalgorithmen von Lieferanten oder der Strafverfolgung. Personenbezogene Daten sollen in diesen vernetzen Digitalsphären geschützt werden.[62] Dabei sind solche Daten als personenbezogen anzusehen und durch entsprechende Grundrechte zu schützen, mit denen Personen direkt oder indirekt identifiziert und Datensätzen oder Eigenschaften zugeordnet werden können.[63] Nach Art. 2 Abs. 1 DSGVO gilt die Verordnung weiterhin sowohl für die ganz und teilweise automatisierte Verarbeitung als auch für nichtautomatisierte Verarbeitung. Unter automatisiert ist im Wesentlichen die Zuhilfenahme von IT-Prozessen und EDV-Anlagen zu verstehen.[64]

Um bewerten zu können, ob ein konkreter Fall in den Anwendungsbereich der DSGVO fällt, müssen sachliche, persönliche und räumliche Aspekte geprüft werden. Wenn eine Verarbeitung stattfindet, die personenbezogene Daten betrifft, dann fällt dies sachlich in den Anwendungsbereich der DSGVO. Persönliche Kriterien sind durch die Identifi-

---

[59] Vgl. Watkins 2016, S. 260.
[60] Vgl. Beiersmann 2016.
[61] Vgl. Kramer 2016, S. 191.
[62] Vgl. Geis und Helfrich 2016, S. XI.
[63] Vgl. Flitsch 2013, S. 51.
[64] Vgl. Rauer und Ettig 2017, S. 189.

zierbarkeit von Personen anhand von bestimmten Merkmalen wie Name oder Standort gegeben.[65] Örtlich ist die DSGVO dann anzuwenden, wenn personenbezogene Daten von europäischen Bürgern betroffen sind. Ein Sitz des Unternehmens in einem Mitgliedsstaat ist nicht erforderlich.[66] Erwägungsgrund 14 konkretisiert Art. 3 Abs. 2 DSGVO dahingehend, dass eine betroffene Person, die sich in der europäischen Union befindet, nicht die Staatsangehörigkeit eines Mitgliedslandes und auch keinen dauerhaften Wohnsitz in der EU haben muss.[67]

Ausnahmen in Bezug auf den sachlichen Anwendungsbereich werden in Art. 2 Abs. 2 DSGVO festgelegt und betreffen beispielsweise Behörden, die für die öffentliche Sicherheit sorgen, oder persönliche und familiäre Tätigkeiten von Privatpersonen.

2.4.2 Produkterstellung und -vermarktung

Bereits bei der *Erstellung von Produkten* müssen Unternehmen Datenschutzaspekte berücksichtigen. Beispielsweise dürfen Produkte, die nach § 90 TKG eine Sendeanlage darstellen und daher mit ihrer Umgebung kommunizieren können, Anforderungen an die Erkennbarkeit dieser Funktion erfüllen.[68] So wurde im Februar 2017 bei einer Spielzeugpuppe mit der Bezeichnung „Cayla", die von einem britischen Unternehmen vertrieben wurde, von der Bundesnetzagentur ein Verstoß gegen das TKG festgestellt. Die Puppe war geeignet, als getarntes Spionagegerät eigenständig Gespräche aufzuzeichnen und zu übermitteln sowie die Personen in ihrem Umfeld beispielsweise zu Werbezwecken anzusprechen. Die Bundesnetzagentur riet allen Eltern, das Spielzeug zu vernichten.[69]

Die in Kapitel 2.2.2 beschriebenen Grundsätze von *Data Protection by Design* bzw. *Default* greifen zukünftig bei solchen Fällen. Sie waren bislang weder in der DSRL noch im BDSG verankert.[70] So sollen Produkte bei ihrer Auslieferung so eingestellt sein, dass sie keine zweckfremden Daten erheben. Allerdings wird unterschieden zwischen den in Art. 25 benannten Verantwortlichen und den Herstellern, die lediglich ermutigt werden sollen, die Produkte so zu gestalten, dass die Verantwortlichen später

---

[65] Vgl. Laue et al. 2016, S. 32.
[66] Vgl. Härting 2016, S. 55-56.
[67] Vgl. Barlag 2017a, S. 113-114.
[68] Vgl. Hessel 2017, Abs. 24, 26.
[69] Vgl. Bundesnetzagentur 2017.
[70] Vgl. Härting 2016, S. 30.

ihren Pflichten nachkommen können.[71] Die konkrete Auslegung dieser Prinzipien wird vom neu geschaffenen Datenschutzausschuss festgelegt.[72]

Lange Zeit war es außerdem üblich, dass Unternehmen zu *Werbezwecken* eigene Daten verwendeten bzw. fremde Datensätze einkauften, die ihnen Zugang zu potenziellen Kunden gewähren sollten.[73] Die §§ 28, 29 BDSG befassen sich mit der Zulässigkeit der Verwendung, Nutzung und Weitergabe von Daten zu Werbezwecken. Daten, die mit der Einwilligung der Betroffenen erhoben wurden, dürfen zu Werbezwecken bzw. im Adresshandel verarbeitet und genutzt werden. Außerdem gilt das sogenannte Listenprivileg, nach dem bestimmte Attribute in Listen zusammengefasst werden und zu Werbezwecken verwendet werden dürfen, ohne dass eine Einwilligung dazu vorliegt. Dies wird jedoch überlagert von § 7 UWG, der sich auf Werbung, die z. B. per Telefon oder E-Mail erfolgt, bezieht und durch die Notwendigkeit einer expliziten Erlaubnis ggf. eine Nutzung verbietet, die nach BDSG erlaubt wäre.[74] § 7 UWG beruht auf dem Art. 13 der ePrivacy-Richtlinie über die Zusendung unerbetener Nachrichten,[75] die jedoch auch von der ePrivacy-Verordnung zum Mai 2018 abgelöst werden wird.

Die DSGVO sieht keine eigenständige Regelung für den Gebrauch personenbezogener Daten zu Werbezwecken vor. Einzig in Art. 21 Abs. 2 DSGVO zum Widerspruchsrecht wird beschrieben, dass Betroffene jederzeit das Recht haben, gegen die Verarbeitung ihrer Daten zum Zweck der Direktwerbung Widerspruch einzulegen. Außerdem müssen sie nach Art. 21 Abs. 4 DSGVO ausdrücklich über ihr Recht auf Widerspruch informiert werden. Ansonsten gilt vor allem nach Art. 6 DSGVO Abs. 1 lit. a und f, dass für eine rechtmäßige Verarbeitung die zweckbezogene Einwilligung notwendig ist oder aber ein berechtigtes Interesse des Verantwortlichen oder eines Dritten besteht.[76] Das Mindestalter für die Einwilligung ist ebenfalls nach DSGVO neu geregelt. Sah das BDSG noch kein Mindestalter für die Einwilligungsfähigkeit von Minderjährigen vor, so ist nun in Art. 8 Abs. 1 DSGVO geregelt, dass nur Personen über 16 Jahren eine Einwilligung zur rechtmäßigen Verarbeitung geben können. Ansonsten muss die Einwilligung der Erziehungsberechtigten eingeholt werden. Die Verordnung sieht an dieser Stelle vor, dass nationales Recht der Mitgliedsstaaten die Grenze niedriger, allerdings nicht unter 13 Jahren ansetzen kann.[77]

---

[71] Vgl. Schneider 2017, S. 238.
[72] Vgl. Albrecht und Jotzo 2017, S. 92-93.
[73] Vgl. Neuhaus 2012.
[74] Vgl. Härting 2016, S. 114.
[75] Vgl. Peifer 2016.
[76] Vgl. Schürmann 2017 2017, S. 55.
[77] Vgl. Härting 2016, S. 99-100.

Zentrale Aspekte im DSGVO sind die Freiwilligkeit der Einwilligung sowie der Weg, auf dem diese erteilt wird. Das Kopplungsverbot in Art. 7 Abs. 4 DSGVO stellt die Freiwilligkeit und damit die gesamte Einwilligung in Frage, sofern die Erfüllung eines Vertrages von dieser abhängig gemacht wird, ohne dass dazu eine Notwendigkeit besteht. Der Betroffene muss seine Einwilligung verweigern oder zurückziehen können, ohne benachteiligt zu werden.[78]

Im Zusammenhang mit Kundengewinnung und -bindung stehen datenschutzrechtlich immer häufiger die so genannten *Tracking-Maßnahmen* in der Kritik.[79] Unternehmen möchten Daten derjenigen speichern, die auf ihre Webseite zugegriffen haben, und auch solche Protokolle (Cookies) auslesen, die von anderen Unternehmen platziert wurden. Allerdings wurde im Mai 2017 vom Bundesgerichtshof (BGH) entschieden, dass die IP-Adressen von Personen, die sich im Internet bewegen, nicht nur als personenbezogene Daten anzusehen sind (s. Kap. 2.3.3), sondern deren Speicherung mit dem Datenschutzrecht abzuwägen ist. Nach europäischem Recht ist eine Speicherung bei berechtigtem Interesse möglich (Online-Marketing-Klausel), nach deutschem Recht nur dann, wenn sie „erforderlich" (§ 15 Abs. 1 TMG) ist. Der BGH hat nun geäußert, dass ein Erfordernis bestünde, wenn sich etwa der Betreiber der Seite gegen Cyberattacken wehren müsse; je höher das Gefahrenpotenzial, desto mehr Daten dürfen gespeichert werden. Wie es im konkreten Fall des Klägers Breyer zu beurteilen ist, muss das Berufungsgericht entscheiden.[80] In Bezug auf das Tracking mit Cookies wird zukünftig die Regelung von der ePrivacy-Verordnung abhängig sein, die im Mai 2018 die ePrivacyRL und auch Regelungen diesbezüglich im TMG ersetzen soll. Wahrscheinlich ist, dass die bisher üblichen Cookie-Banner entfallen können, wenn Nutzer in den Voreinstellungen von Browsern oder Messenger-Diensten bereits zwischen „always accept cookies ", „never accept cookies" oder „reject/only accept first party cookies" wählen können.[81]

2.4.3 Datensicherheit

In technischer und organisatorischer Hinsicht muss ein Unternehmen grundsätzlich *Datensicherheit* gewährleisten. Dazu ergeben sich drei Schutzziele aus dem § 2 BSIG: Verfügbarkeit, Integrität und Vertraulichkeit sollen als Schutzziele der IT-Sicherheit

---

[78] Vgl. Albrecht und Jotzo 2017, S. 70.
[79] Vgl. Schürmann 2017, S. 54.
[80] Vgl. Bundesgerichtshof 2017.
[81] Vgl. Schürmann 2017, S. 55.

eingehalten werden.[82] Als Maßnahmen kommen dafür zum Beispiel die Anonymisierung und die Pseudonymisierung in Frage. Letztere soll die Bestimmung des Betroffenen durch den Ersatz von Namen und anderen Merkmalen durch Kennzeichen verhindern. Sie ist in § 3 Abs. 6a BDSG definiert. Die Anonymisierung soll die Zuordnung von Daten zu den Betroffenen erschweren. Anonymität wird nicht zwingend durch die Pseudonymisierung herbeigeführt.[83]

In der DSGVO ist in Art. 5 Abs. 1 zur Datensicherheit geregelt, dass personenbezogene Daten durch technische und organisatorische Maßnahmen geschützt werden müssen. Diese haben auch Datenverarbeiter zu implementieren (Art. 32, Abs. 1 DSGVO), etwa durch Pseudonymisierung, das Schaffen von Vertraulichkeit, Verfügbarkeit und Integrität in belastbaren Systemen sowie den Einsatz von Verfahren, die das System kontrollieren und evaluieren. Damit bleibt die DSGVO in der Terminologie der bisherigen Regelungen. Was hingegen unter Belastbarkeit zu verstehen ist, die als Begriff im deutschen Datenschutzrecht nicht verankert ist, bleibt offen.[84]

Wie im IT-Sicherheitsgesetz auch (s. Kap. 2.3.2) ist nach Art. 32 DSGVO zu beachten, dass die jeweiligen Sicherungsmechanismen dem Stand der Technik entsprechen. Dasselbe Schutzziel und einen ähnlichen Regelungsgehalt wie Art. 32 DSGVO hat auch Art. 25 DSGVO, der sich mit dem Schutz der Daten durch Technik und benutzerfreundliche Voreinstellungen befasst. Laue empfiehlt in diesem Zusammenhang, dass Unternehmen bereits in der Übergangszeit vor Mai 2018 ihre aktiven und geplanten Datenverarbeitungssysteme hinsichtlich der rechtlichen Anforderungen des Art. 25 DSGVO überprüfen.[85]

Die DSGVO erweitert außerdem den Kreis derjenigen, die von ihr geschützt sind. So sind nun auch Personen, die sich innerhalb der Europäischen Union aufhalten, im Schutzbereich dieser Verordnung. Auf der anderen Seite gilt sie auch für nichteuropäische Anbieter, die auf dem europäischen Markt auftreten mit der erkennbaren Absicht, ihre Waren zu verkaufen. Der tatsächliche Verkauf ist nicht Voraussetzung der Gültigkeit der DSGVO.[86]

---

[82] Vgl. Barlag 2017b, S. 165.
[83] Vgl. Kroschwald 2015, S. 71-74.
[84] Vgl. Barlag 2017b, S. 166.
[85] Vgl. Laue et al. 2016, S. 212-213.
[86] Vgl. Barlag 2017a, S. 113-114.

2.4.4 Auftragsverarbeitung

Im Zusammenhang mit der Speichersicherheit, etwa bei der Nutzung von Cloud Computing oder anderen Dienstleistungen, werden durch die Auslagerung sog. Auftragsdaten von anderen verarbeitet (Auftragsverarbeitung). Nach § 11 BDSG muss ein schriftlicher Auftrag vorliegen, der den Auftragnehmer anweist, wie mit den Daten zu verfahren ist. Verstößt dieser gegen die Weisungen, ist er haftbar zu machen.[87] Im Zuge der Auftragsverarbeitung müssen Unternehmen sicherstellen, dass gesetzliche Bestimmungen von ihm selbst oder einem beauftragten Unternehmen eingehalten werden. Personenbezogene Daten müssen bei ihrer Verarbeitung und Speicherung zu jedem Zeitpunkt ausreichend geschützt sein. Zu den dafür notwendigen technischen und organisatorischen Maßnahmen führt die Anlage zu § 9 BDSG acht Kontrollbereiche auf.[88] Eine *Zutrittskontrolle* soll Unbefugten den räumlichen Zutritt zu Datenverarbeitungsanlagen verweigern, was beispielsweise über Chipkarten oder die Installation von Alarmanlagen gewährleistet werden kann. Die *Zugangskontrolle* dagegen bezieht sich auf den elektronischen Zugang zu Daten und Netzwerken, der über die Vergabe von Passwörtern oder automatische Bildschirmsperren verhindert werden kann. Über die *Zugriffskontrolle* wird reglementiert, wer auf welche Daten zugreifen kann, und es wird sichergestellt, dass jeweils nur von den Unternehmen festgelegte Berechtigte Zugriff haben.[89] Da auch der Anhang zu § 9 BDSG noch abstrakt formuliert ist, wird die weitere Konkretisierung von Maßnahmen notwendig, wie sie beispielsweise im Grundschutzkatalog des Bundesamts für Sicherheit in der Informationstechnik (BSI-GS) zu finden ist.[90]

Durch die *Weitergabekontrolle* sollen Daten bei ihrer Übertragung bzw. ihrem Transport gegen Löschung, Kopieren, unbefugtes Lesen und Veränderungen geschützt werden. Dies kann durch elektronische Signaturen oder Verschlüsselung erfolgen. Die Weitergabe muss dem jeweiligen Empfänger nachvollziehbar gemacht werden. Die *Eingabekontrolle* protokolliert jegliche Eingaben oder Änderungen, die von Berechtigten an den Daten vorgenommen wurden, um den Datenverkehr nachvollziehen zu können.[91] Die *Kontrolle von Auftragsdatenverarbeitern* wird gewährleistet, indem der Auftraggeber unangekündigte Kontrollen durchführt oder Vertragsstrafen bei Nichteinhaltung von vertraglichen Verboten vereinbart. Durch die *Verfügbarkeitskontrolle* wird

---

[87] Vgl. Hofmann 2017, S. 183.
[88] Vgl. Datenschutz von A - Z 2012, S. 246.
[89] Vgl. Kirsch und Logemann 2011, S. 79-80.
[90] Vgl. Sädtler 2016, S. 117.
[91] Vgl. Plath 2016, S. 361-362.

sichergestellt, dass ein Datenverlust durch zufällige Zerstörung verhindert wird, z. B. mit geeigneten Maßnahmen zur Brandbekämpfung, störungsfreier Stromversorgung oder doppelten IT-Sicherungseinrichtungen. Das *Zwecktrennungsgebot* sieht die getrennte Verarbeitung von solchen Daten vor, die zu verschiedenen Zwecken erhoben wurden.[92]

Was die Sicherheit im Zusammenhang mit der Auslagerung von Daten in unsichere Drittstaaten betrifft, sieht die DSGVO im Gegensatz zur DSRL vor, dass nunmehr auch die Auftragsdatenverarbeiter dafür einstehen können, dass sie gesetzeskonform handeln. Zuvor waren allein die Daten auslagernden Unternehmen dafür zuständig, die Garantien zu geben, die eine Kommissionsentscheidung ersetzen und den Datentransfer in ein unsicheres Drittland rechtfertigen konnten.[93] Weiterhin werden die Garantiemöglichkeiten durch die DSGVO erweitert, indem ergänzend zu den bisherigen Optionen von Standardklauseln die Binding Corporate Rules (BCR, unternehmensinterne Datenschutzvorschriften) differenziert und um einen Zertifizierungsmechanismus nach Art. 42 sowie Verhaltensregeln nach Art. 40 ergänzt werden.[94] Sofern keine dieser Optionen greift, kann nach Art. 49 dennoch ein Transfer stattfinden, wenn eine der dort aufgeführten Ausnahmen, beispielsweise Gründe des öffentlichen Interesses, erfüllt ist.[95]

2.4.5 Beschäftigtendatenschutz

Im Rahmen von Datenschutz im Sinne des Schutzes personenbezogener Daten spielt auch der *Beschäftigtenschutz* eine Rolle. In Unternehmen dürfen nach § 32 Abs. 1 BDSG Daten erhoben, verarbeitet oder genutzt werden, die für das Beschäftigungsverhältnis bzw. dessen Beendigung notwendig sind. Im Zusammenhang mit Straftaten darf dies nur dann geschehen, wenn ein begründeter Verdacht dokumentiert wird. Der Arbeitgeber selbst kann sich ebenfalls strafbar machen, weil er bei erlaubten Diensten wie Internet oder Mobilfunk als Anbieter nach TKG oder TMG gilt und damit an das Fernmeldegeheimnis bzw. den datenschutzrechtlichen Teil des TMG gebunden ist, der eine Überwachung verbietet.[96]

In Art. 88 DSGVO ist per Öffnungsklausel festgelegt, dass die Verarbeitung von Beschäftigtendaten auf nationaler Ebene der Mitgliedsstaaten geregelt werden kann.

---

[92] Vgl. Kirsch und Logemann 2011, S. 81-83.
[93] Vgl. Pauly 2017, S. 556.
[94] Vgl. von dem Bussche 2016a, S. 1217.
[95] Vgl. Albrecht und Jotzo 2017, S. 101, 108.
[96] Vgl. Schneider 2017, S. 120.

Dazu kommen Rechtsvorschriften oder kollektive Regelungen in Frage. Das Bundesministerium des Inneren sieht den § 32 Abs. 1 BDSG zur Meldung als nationales Recht in diesem Zusammenhang vor, so dass sich dahingehend nichts durch die DSGVO ändert.[97]

2.5 Herausforderungen und Kritik in Bezug auf die DSGVO

2.5.1 Rechtliche Herausforderungen

Eine grundlegend neue Herausforderung, die sich aus der DSGVO ergibt, ist die *Datenschutz-Folgenabschätzung* (s. Kap. 2.2.2) die nach Art. 35 DSGVO gefordert wird. Unternehmen stehen nun vor der Situation, dass sie selbst – bzw. konkret der Verantwortliche – beurteilen müssen, ob für die Betroffenen durch die Verarbeitung von deren Daten ein hohes Risiko für ihre Rechte und Freiheiten besteht. Während in § 4d BDSG noch eine Meldepflicht für automatisierte Verfahren[98] vorgesehen ist, die auf Art. 19 DSRL beruht und diejenigen Unternehmen, die keinen Datenschutzbeauftragten bestimmt haben, zur Meldung der Verarbeitung personenbezogener Daten an ein zentrales Melderegister verpflichtet, so soll in Zukunft die Einhaltung der Vorgaben der DSGVO anders sichergestellt werden. Nach einer internen Prüfung des Risikos durch den Verantwortlichen muss in einem zweiten Schritt bei der Erkenntnis, dass ein hohes Risiko besteht, die externe Aufsichtsbehörde benachrichtigt werden, die eine Rechtmäßigkeitskontrolle durchführt.[99]

Beispiele für Fälle, in denen die Voraussetzung für eine Folgenabschätzung gegeben sind, ergeben sich bereits aus Art. 35 Abs. 3 DSGVO, in dem auf *Profiling*, also die systematische Bewertung der Persönlichkeit sowie auf sensible Daten gem. Art. 9 und 10 DSGVO Bezug genommen wird. Außerdem wird in Erwägungsgrund 91 ausgeführt, dass beim Einsatz von Verarbeitungsverfahren, die die Ausübung der Betroffenenrechte erschweren oder nach Auffassung der zuständigen Aufsichtsbehörde ein *hohes Risiko* mit sich bringen, eine Folgenabschätzung erforderlich ist. Der Mindestinhalt einer solchen Folgenabschätzung ist die Beschreibung der geplanten Bearbeitungsverfahren sowie die Definition des Verarbeitungszwecks und zudem die Bewertung, ob das Verfahren notwendig und verhältnismäßig ist. Außerdem sind die Risiken für die

---

[97] Vgl. Gola et al. 2017, S. 42.
[98] Da automatisierte Verfahren den Einsatz von EDV-Anlagen voraussetzt (s. Kap. 2.4.1) und heutzutage davon auszugehen ist, dass die Verarbeitung von Lieferanten-, Kunden- und Mitarbeiterdaten elektronisch geschieht, ist diese Einschränkung in der Praxis wenig relevant.
[99] Vgl. von dem Bussche 2016b, S. 1163-1164.

Freiheiten und Rechte der Betroffenen zu bewerten sowie die Schutzmaßnahmen zu beschreiben, mit denen der Schutz der personenbezogenen Daten gewährleistet und die Bestimmungen der DSGVO eingehalten werden sollen.[100] *Ausnahmen* von der Folgenabschätzung trotz eines potenziell hohen Risikos sind in Art. 35 Abs. 10 DSGVO geregelt und betreffen solche Daten, die zur Erfüllung der rechtlichen Verpflichtung oder zur Wahrung von Aufgaben im öffentlichen Interesse notwendig sind. Dabei muss erfüllt sein, dass eine rechtliche Grundlage existiert, die den Verantwortlichen bindet und den konkreten Verarbeitungsvorgang regelt, im Rahmen des zugehörigen Gesetzgebungsverfahrens bereits eine allgemeine Folgenabschätzung durchgeführt wurde und vom jeweiligen Mitgliedsstaat nicht dennoch eine Folgenabschätzung gefordert wird.[101] Gem. Art. 35 Abs. 4 DSGVO kann eine Aufsichtsbehörde eine Liste der Verarbeitungsvorgänge erstellen, für die eine Datenschutz-Folgenabschätzung durchzuführen ist. Des Weiteren kann die Aufsichtsbehörde gem. Art. 35 Abs. 5 DSGVO ebenfalls eine Liste von Vorgängen erstellen, für die keine Folgenabschätzung benötigt wird.

Allerdings kann sich als Problem ergeben, dass die Folgenabschätzung nicht zur Erkenntnis eines hohen Risikos führt, obwohl ein solches besteht. Im Zweifelsfall sieht Art. 36 Abs. 1 DSGVO vor, dass eine Abstimmung mit der Aufsichtsbehörde erfolgt. Wird diese oder die ganze Folgenabschätzung versäumt, so drohen Bußgelder von bis zu 10 Mio. Euro bzw. 2 % des gesamten weltweiten Jahresumsatzes.[102] Weitere Herausforderungen ergeben sich im Fall einer Meldung an die Aufsichtsbehörde dadurch, dass diese ihre Befugnisse aus Art. 58 DSGVO ausüben und beispielsweise die Verarbeitung vorübergehend oder endgültig untersagen oder auch Zertifizierungen widerrufen kann.

Auch die Meldepflicht von *Verletzungen des Schutzes personenbezogener Daten* aus Art. 33 DSGVO kann zur Herausforderung werden, da der Verantwortliche selbst die Beweislast trägt, ob eine solche Verletzung zustande gekommen ist, die voraussichtlich zu einem Risiko für die Rechte und Freiheiten natürlicher Personen führt. Die Bewertung, ob so ein Risiko gegeben ist, erfolgt anhand von Erwägungsgrund 75,[103] der beispielsweise Diskriminierung, den Verlust der Pseudonymisierung oder die Offenlegung von Gesundheitsdaten als Risiken auflistet. Da Art. 33 DSGVO mit einer Reihe von unbestimmten Tatbestandsmerkmalen einhergeht, ergibt sich in der

---

[100] Vgl. Härting 2016, S. 10-12.
[101] Vgl. Laue et al. 2016, S. 238.
[102] Vgl. Härting 2016, S. 13.
[103] Vgl Härting 2016, S. 42.

Anfangsphase der Gültigkeit der DSGVO Rechtsunsicherheit für Unternehmen darüber, was tatsächlich zu melden ist.[104]

In Kapitel 2.4.2 wurde dargelegt, dass die DSGVO die freiwillige Einwilligung der Betroffenen zur Verarbeitung ihrer personenbezogenen Daten erfordert. Was die technische Umsetzung dieser Einwilligung betrifft, werden in Erwägungsgrund 32 eine mündliche, schriftliche oder elektronische Form verlangt. Zusätzlich besteht allerdings der offene Rechtsbegriff des *sonstigen eindeutigen Einverständnisses*, der Unternehmen ggf. neue Wege der Einwilligung eröffnet, wenn diese praktisch oder juristisch Bestand haben.[105]

Damit ergibt sich als Herausforderung, dass Unternehmen sowohl die bestehenden als auch zukünftige Verfahren dahingehend überprüfen müssen, ob sie den neuen Vorgaben gerecht werden. Ansonsten drohen die Unwirksamkeit der Einwilligung und in der Folge die Unrechtmäßigkeit der Verarbeitung. Um zu gewährleisten, dass dies nicht eintritt, schlagen Schefold und Loof Grundüberlegungen dazu vor, wie Einwilligungsverfahren geprüft werden können. Sie gehen dabei u. a. darauf ein, welche Datenart von welchen Betroffenen zu welchem Zweck erhoben werden soll, wie das Einwilligungsverfahren ausgestaltet wird, ob das Kopplungsverbot beachtet wird, wie die Dokumentation der Einwilligung erfolgt, ob die Einwilligung von anderen Regelungen getrennt eingeholt wird, ob der Pflicht zur Information und deren Dokumentation nachgekommen wird und ob weitere Einwilligungen nach anderen Gesetzen wie beispielsweise im Zuge von Verschwiegenheitsverpflichtungen benötigt werden.[106]

Im Zusammenhang mit Einwilligung sind Dokumentationsaspekte zu berücksichtigen. Da die Beweislast für die vorliegende Einwilligung – auch wenn diese nicht mehr schriftlich vorliegen muss, sondern auch elektronisch gilt – beim Verantwortlichen liegt, ist ein Protokoll, in dem der Einwilligungstext mit dem Namen oder einem anderen Identifikationsmerkmal (z. B. E-Mail-Adresse oder IP-Adresse) und einem Zeitstempel gespeichert wird, anzuraten. Allerdings besteht Rechtsunsicherheit darüber, ob der Name auch die Einwilligung stützt. Aus diesem Grund sollte ein so genanntes Double-Opt-In-Verfahren angewendet werden, in dem die Erklärung durch die Bestätigung einer E-Mail erneut versichert wird.[107]

Die sogenannte Online-Marketing-Klausel in Art. 6 Abs. 1 lit. f DSGVO führt zunächst zu einer rechtmäßigen Verarbeitung ohne Einwilligung, wenn berechtigtes Interesse

---

[104] Vgl. Martini 2017, S. 426.
[105] Vgl. Schürmann 2017, S. 55.
[106] Vgl. Loof und Schefold 2016, S. 185-186.
[107] Vgl. Laue et al. 2016, S. 81-83.

besteht. Allerdings verlangt die Verordnung eine *Interessensabwägung*, bei der die Interessen der Betroffenen oder ihre Grundrechte und Grundfreiheiten nicht höher wiegen dürfen.[108] Nach Erwägungsgrund 47 stehen dabei die Erwartungen des Betroffenen im Vordergrund, dessen Interessen die des Verantwortlichen oder Dritten überwiegen dürften, wenn er vernünftigerweise keine Weiterverarbeitung erwartet.[109] Auch diese Abwägung von Interessen muss im Unternehmen verortet und belastbar durchgeführt werden.

Aus der verschärften *Informationspflicht* in der DSGVO ergeben sich ebenfalls Herausforderungen für das Unternehmen bzw. den Verantwortlichen, die mit dem in Kap. 2.2.2 geforderten Grundsatz der Transparenz korrespondieren. Dabei sind die Wege, auf denen Unternehmen zu Daten gelangen, unterteilt: einerseits direkt beim Betroffenen (Art. 13 DSGVO) und andererseits aus anderen Quellen, in denen ohne die Mitwirkung des Betroffenen seine Daten erhoben werden können (Art. 14 DSGVO). Abbildung 2 zeigt die Informationspflichten, denen ein Unternehmen in beiden Fällen nachkommen muss. Grundsätzlich müssen Unternehmen gem. 14 DSGVO spätestens nach einem Monat oder bei einer angestrebten Kommunikation mit dem Betroffenen vor der ersten Kontaktaufnahme oder bei Weitergabe der Daten zum Zeitpunkt der Weitergabe ihren Informationspflichten nachkommen.

---

[108] Vgl. Schneider 2017, S. 130.
[109] Vgl. Laue et al. 2016, S. 95.

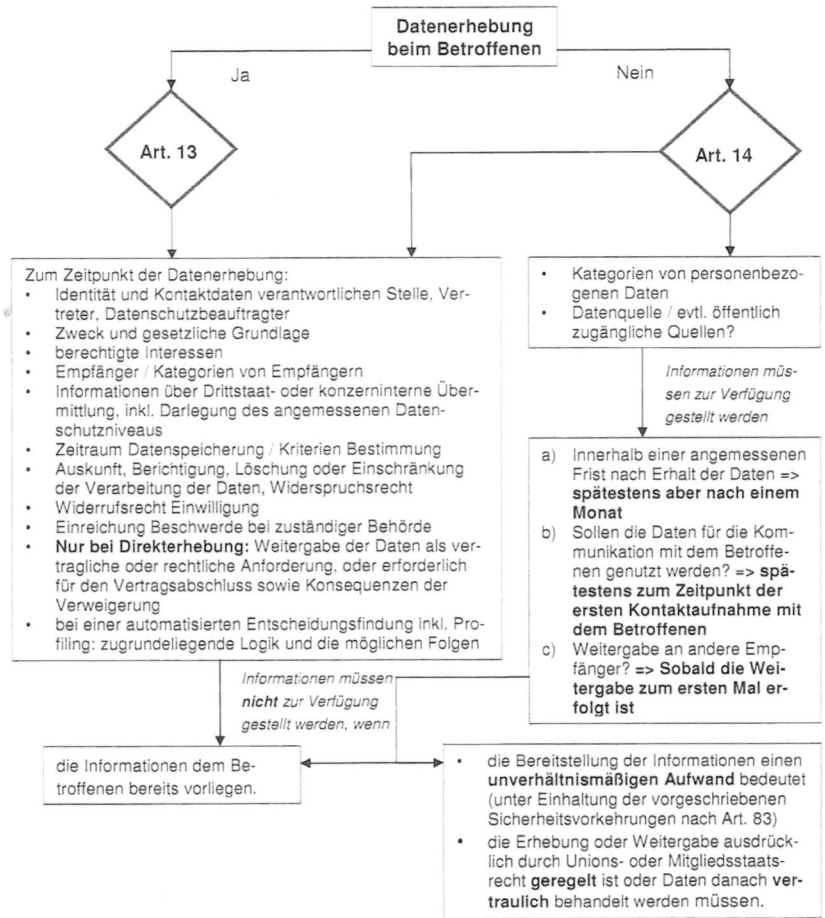

Abbildung 2:   Schema zur Datenerhebung beim Betroffenen[110]

Art. 14 geht über die Pflichten von Art. 13 hinaus, indem er vorschreibt, dass zusätzlich die Kategorie der Daten und die Quelle, aus der sie stammen, an den Betroffenen mitzuteilen sind.[111] Genauere Anweisungen dazu, wie Informationen bereitgestellt werden sollen, finden sich in Erwägungsgrund 58. Dort wird unter anderem beschrieben, dass Informationen so aufbereitet werden müssen, dass sie für die Adressaten verständlich, leicht zu finden und in klarer und einfacher Sprache ausgedrückt sind. Das Verständnis kann ggf. durch bildliche Elemente unterstützt werden. Insbesondere

---

[110] Aus: Laue et al. 2016, S. 129.
[111] Vgl. Gola et al. 2017, S. 47.

muss bei Angeboten für Kinder auch die Information kindgerecht erfolgen. Informationen müssen den Betroffenen kostenlos zur Verfügung gestellt werden.[112]

Weitere Herausforderungen in rechtlicher Hinsicht ergeben sich aus der Vielzahl an Öffnungsklauseln. Solange die nationalen Regelungen nicht in Einklang mit der DSGVO gebracht sind, ist unklar, was in Hinblick auf Beschäftigtendatenschutz oder konkret bei der Bestellung von Datenschutzbeauftragten oder auch der Altersgrenze für die Einwilligung tatsächlich auf die Unternehmen zukommt. Dazu kommt, dass international tätige Unternehmen sich informieren müssen, wie die jeweiligen Öffnungsklauseln in den einzelnen Ländern umgesetzt werden oder wurden.[113] In Bezug auf in Deutschland gültige Regelungen bestehen Absichtserklärungen des Bundesministeriums des Innern zu unterschiedlichen Ausnahmen, die im nationalen Recht auf der Basis von Art. 23 DSGVO vorgesehen sind. Diese betreffen die Art. 13 (Information), 15 (Auskunftsrecht), 17 (Löschung) sowie 21 (Widerspruch).[114] Wie die Löschung von Links genau zu gestalten ist, wird sich aus zukünftigen Leitlinien oder Empfehlungen des europäischen Datenschutzausschusses ergeben, was in Art. 70 Abs. 1 lit. d DSGVO angekündigt wird.[115]

2.5.2 Wirtschaftliche Herausforderungen

Unternehmen sind nicht nur wegen zukünftiger Rechtsunsicherheit durch die DSGVO betroffen. Auch aus den bereits sicheren Regelungen ergeben sich Herausforderungen, die sich auf finanzielle und andere Ressourcen beziehen.

Deutlich verschärft wurden die Bußgelder, die mit Verstößen gegen die Verordnung einhergehen. Bislang war es nach DSRL den Mitgliedsstaaten überlassen, die Sanktionierung im Fall von Datenschutzverletzungen festzulegen. Nach BDSG waren bislang bei Verstößen gegen verfahrensbezogene Regelungen und formale Anforderungen Zahlungen von bis zu 50.000 € und für Verstöße beim Umgang mit personenbezogenen Daten von bis zu 300.000 € vorgesehen.[116] Dies kann bei einer Risikobewertung u. U. dazu geführt haben, diese Beträge in Kauf zu nehmen.[117] Nach der DSGVO sind in Art. 83 und 84 Bußgelder vorgesehen (s. Kap. 2.2.2), die sich gravierend auswirken können. Außerdem muss mit Schadensersatzforderungen gerechnet werden. Dabei stehen nicht nur die Unternehmen potenziell in der Haftung,

---

[112] Vgl. Laue et al. 2016, S. 129.
[113] Vgl. Rauer und Ettig 2017, S. 186.
[114] Vgl. Gola et al. 2017, S. 46, 49, 53, 55.
[115] Vgl. Hennemann 2017, S. 225.
[116] Vgl. Hohmann 2017, S. 199-202.
[117] Vgl. Depré 2011, S. 27.

sondern auch Mitarbeiter, die für den Verstoß verantwortlich sind.[118] Großen Unternehmen wird bereits geraten, sich auf eventuelle Rechtsstreitigkeiten einzustellen.[119]

Der Art. 17 DSGVO ist mit dem zusätzlichen Titel *Recht auf Vergessenwerden* versehen. In Art. 12 lit. b DSRL war bereits das Recht auf Löschung vorgesehen – und die Grundverordnung geht in Art. 17 Abs. 1 DSGVO nicht darüber hinaus. Allerdings präzisiert Abs. 2 die Informationspflichten gegenüber weiteren Verantwortlichen.[120] Die wirtschaftliche Herausforderung, die sich aus Art. 17 Abs. 2 DSGVO ergibt, besteht darin, dass nun im Falle von öffentlich gemachten Daten, die zu löschen sind, alle anderen Verantwortlichen über diesen Wunsch des Betroffenen zu informieren sind. Dabei greifen die in der Verordnung beschriebenen Begriffe der *verfügbaren Technologien* sowie *Implementierungskosten*, die diese Pflicht begrenzen. Das kann so ausgelegt werden, dass an verschiedene Unternehmensgrößen verschiedene Anforderungen an die regelmäßig zur Verfügung stehenden Techniken und den Kostenumfang der IT-Infrastruktur gestellt werden sollten.[121] In ähnlicher Weise sieht Art. 25 DSGVO vor, dass bei der Einrichtung der Privacy-by-Default-Regelungen der Stand der Technik sowie die Implementierungskosten zu berücksichtigen sind. Aus dem neuen Recht auf Datenübertragbarkeit (Portabilität) in Art. 20 DSGVO ergibt sich ebenfalls eine Ressourcenbindung, kombiniert mit dem Aufwand, u. U. neue Software anschaffen zu müssen, die beispielsweise die gängigen Formate generieren kann, die vom Betroffenen zur Weitergabe gewünscht werden.

Allgemein ist die Planung der Ressourcen im Zusammenhang mit der Berücksichtigung der DSGVO von zentraler wirtschaftlicher Bedeutung für Unternehmen. Wybitul rät an dieser Stelle, die bereits vorhandenen Abläufe und Strukturen sowie andere Ressourcen zu nutzen und zu koordinieren. Dabei stellt besonders die Budgetplanung eine große Herausforderung dar, weil die notwendigen Erfahrungswerte fehlen. Im Zuge einer Projektplanung sollte das Budget am Anfang geschätzt und im Laufe der Zeit konkretisiert werden. Als Instrument für den Bedarf an Strukturentwicklung kommt eine GAP-Analyse in Frage. Auch wegen der Einführung von neuen Datenschutzleitlinien erforderliche Schulungen der Mitarbeiter stellen Kostenfaktoren dar, die bei der Planung berücksichtigt werden müssen. Ein effektives Trainingskonzept kann zu

---

[118] Vgl. Wybitul 2017a, S. 2.
[119] Vgl. Wybitul 2017b, S. 123.
[120] Vgl. Hennemann 2017, S. 248.
[121] Vgl. Fladung 2017, S. 333.

Kostenersparnissen führen, da nicht jeder Mitarbeiter im selben Umfang geschult werden muss.[122]

Die in der DSGVO vorgeschriebenen Dokumentationspflichten, insbesondere das in Art. 30 angelegte Verzeichnis von Verarbeitungstätigkeiten, binden erhebliche Ressourcen in den Unternehmen. Das Verzeichnis kann allerdings auch für weiterführende Ausführungen (Zulässigkeit, Informationspflicht, Datenübertragbarkeit) als Grundlage dienen, die bei der Erstellung berücksichtigt werden sollten.[123]

Die in Art. 5 lit. e DSGVO beschriebene Speicherbegrenzung, nach der Daten nur so lange gespeichert werden dürfen, wie dies für Zecke erforderlich ist, sowie der Grundsatz der Datenminimierung aus Art. 5 lit. c DSGVO bringen die Notwendigkeit eines Löschkonzepts mit sich. Das ist häufig aufwendiger als zunächst angenommen und sollte technische und organisatorische Löschregeln, Verantwortlichkeiten, Fristen sowie die Umsetzung im Rahmen der Organisationsprozesse beinhalten.[124]

In Abschnitt 5 der DSGVO werden Verhaltensregeln und Zertifizierungen beschrieben, die in Art. 40 ff. DSGVO hinsichtlich der von Verbänden auszuarbeitenden Verhaltensregeln bzw. Art 42 ff. DSGVO in Bezug auf mögliche Zertifizierungen ausgeführt werden. Diese sind gem. der Art. 24 Abs. 3, Art. 25 Abs. 3, Art. 28 Abs. 5 und Art. 32 Abs. 3 DSGVO als Nachweis der Tätigkeiten im Sinne der DSGVO geeignet. Außerdem wird die Einhaltung der Verfahrensregeln bzw. zertifizierten Prozesse gem. Art. 83 Abs. 2 lit. j bei der Höhe des Bußgeldes berücksichtigt, wenn es zu einem Schadensfall kommt. Problematisch ist allerdings, dass es zwar eine ganze Reihe von aktuellen Datenschutzzertifikaten gibt,[125] wie z. B. das Gütesiegel Datenschutz der Deutschen Gesellschaft zur Zertifizierung von Managementsystemen (DQS), das sich am BSI-Grundschutzkatalog und der ISO-27000er-Reihe der International Organization for Standardization (ISO) orientiert, allerdings nach wie vor noch keine Kriterien bzw. gültigen Zertifikate konkret für die Einhaltung der DSGVO entwickelt wurden. Selbst wenn ein Zertifikat besteht, sehen sich Unternehmen mit der Herausforderung konfrontiert, dass dieses ggf. angepasst oder ganz ersetzt werden muss.[126] Zertifizierung ist in jedem Fall eine wirtschaftliche Belastung, die mit den Risiken abgewogen werden sollte.

---

[122] Vgl. Wybitul 2017b, S. 109-113.
[123] Vgl. Schneider 2017, S. 308-309.
[124] Vgl. Wybitul 2016a, S. 158-159.
[125] Eine umfangreiche Liste kann unter https://stiftungdatenschutz.org/zertifizierung/zertifikate-uebersicht/ (eingesehen am 16.06.2017) eingesehen werden.
[126] Vgl. o. V. 2017.

2.5.3 Kritische Anmerkungen aus der Literatur

Die DSGVO soll dem Zweck der Harmonisierung dienen und dafür ein Grundgerüst aufstellen, das für alle europäischen Länder verbindliche Rahmenbedingungen im Datenschutz festlegt. Zwar ist diese Harmonisierung nach Kühling und Martini strukturell deutlich erkennbar durch den Wechsel von der Richtlinien- zur Verordnungsform.[127] Allerdings kritisieren die Autoren, dass die DSGVO aufgrund der vielen Öffnungsklauseln faktisch eher eine „Richtlinie im Verordnungsgewand"[128] ist. Schrems ist der Ansicht, dass die DSGVO zu interpretationsbedürftiger Rechtsunsicherheit führt, weil nicht auf europäischer Ebene alle nationalen Positionen und Traditionen vereinheitlicht werden. Zudem kann ein starker Einfluss von Lobbyisten und konservativen Beteiligten angenommen werden, der nicht unbedingt dem Datenschutzniveau zugute kommt.[129]

Bereits am ersten Entwurf aus dem Jahr 2012 wurde Kritik laut, die auch für die letzte Fassung der Verordnung Gültigkeit hat. Neben der fehlenden Regelung von Nutzungsprofilen im Internet, die nach § 15 Abs. 3 TMG vorgesehen ist, der jedoch von der DSGVO verdrängt werden wird, ist der *Anwendungsbereich* der gesamten Verordnung unklar. Der Personenbezug kann nach einem relativen oder absoluten Ansatz beurteilt werden, was wie im Fall der Zuordnung von IP-Adressen zu jeweils anderen Prüfergebnissen führt,[130] ob personenbezogene Daten vorliegen und die DSGVO gilt oder nicht. Durch die fehlende Klärung, was genau Daten mit Personenbezug sind, stehen Betreiber von Internetpräsenzen vor großer Rechtsunsicherheit.[131]

Wedde stellt fest, dass durch die Regelungen der DSGVO an weiteren Stellen nationales Recht verdrängt wird, das restriktiver angelegt war, als es nun der Fall ist. Somit wird der tatsächliche Datenschutz dort reduziert, wo sich nicht über Öffnungsklauseln der Erhalt der nationalen Regelungen ergibt. Als Beispiel nennt er die in Kapitel 2.5.1 beschriebene *Schriftform der Einwilligung*, die nach BDSG notwendig ist, aber in der DSGVO so nicht vorkommt. Auch der Beschäftigtendatenschutz ist durch die erleichterte Weitergabe von Daten in Konzernen asymmetrisch ausgestaltet und von den Betroffenen nicht ausreichend zu kontrollieren.[132]

---

[127] Vgl. Kühling und Martini 2016, S. 448.
[128] Kühling und Martini 2016, S. 448.
[129] Vgl. Schrems 2016, S. 37.
[130] Inzwischen hat der BGH im Mai 2017 entschieden, dass es sich bei IP-Adressen um personenbezogene Daten handelt (s. Kap 2.4.2).
[131] Vgl. Eckhardt et al. 2013, S. 627.
[132] Vgl. Wedde 2016, S. 5.

Der Einfluss eines unternehmensinternen *Datenschutzbeauftragten* wird durch die DSGVO im Vergleich mit der nationalen Regelung des BDSG geschwächt. Zwar ist die europaweite Einführung vorgesehen, allerdings sind die Fälle, in denen das geschehen soll, in Art. 37 Abs. 1 DSGVO so begrenzt (vgl. Kap 2.2.2), dass „die Effektivität dieses Instruments zur Eigenkontrolle tatsächlich stark eingegrenzt"[133] wird. Bislang entfiel gem. den Regelungen im BDSG die Meldepflicht eines Unternehmens an die Aufsichtsbehörde vor Inbetriebnahme einer automatisierten Verarbeitung, wenn ein betrieblicher Datenschutzbeauftragter ernannt wurde.[134] Diese Meldepflicht wird nunmehr wegfallen und somit auch ein wesentlicher Grund für die Bestellung eines unternehmensinternen Datenschutzbeauftragten.[135] Auch wurde die im ersten Entwurf noch vorgesehene Grenze von 250 Mitarbeitern, oberhalb derer ein Datenschutzbeauftragter obligatorisch werden sollte, ersatzlos gestrichen, was zu einer noch schwächeren Verbreitung dieser Funktion und in Unternehmen zu Engpässen an qualifiziertem Personal führen dürfte.[136]

In seiner Abhandlung bezeichnet Hennemann außerdem das *Recht auf Vergessenwerden* als meistdiskutierte Neuerung und stellt sie als „handwerklich missglückt"[137] dar, weil sich mindestens als eine Perspektive eröffnet, dass Daten mitnichten umfassend und von allen Verantwortlichen gelöscht werden, sondern im Gegenteil das Missbrauchspotenzial steigt, wenn deutlich gemacht wird, welche Daten ein Betroffener gerne gelöscht sehen möchte. Das weckt u. U. Begehrlichkeiten, eben solche Daten in einer Geheimnisdatenbank zu sichern.[138]

Aufgrund der Unklarheit, wie die (deutsche) Rechtslage in Zukunft ausgestaltet sein wird, zu der noch nicht einmal belastbare Prognosen möglich sind, müssen die Öffnungsklauseln so bewertet werden, wie sie restriktiv umzusetzen sind, um kein zu großes Risiko einzugehen. Die Prioritäten sollten darauf liegen, möglichst aufkommende Gefährdungen zu umgehen.[139]

Wünschenswert wäre gewesen, dass die Verordnung den Unternehmen dahingehend einen Anreiz bieten würde, dass sie bei Datenschutzverletzungen eine Zertifizierung als Milderungsgrund in Anspruch nehmen könnten, wie das im Compliance-Bereich in vielen Regelungen der Fall ist. Strohmaier stellt in Frage, dass die Berücksichtigung

---

[133] Eckhardt et al. 2013, S. 628.
[134] Vgl. Laue et al. 2016, S. 249.
[135] Vgl. Laue et al. 2016, S. 191.
[136] Vgl. Eckhardt et al. 2013, S. 628.
[137] Hennemann 2017, S. 247.
[138] Vgl. Hennemann 2017, S. 258.
[139] Vgl. Wybitul 2016b.

der Bußgeldhöhe, die in Art. 83 DSGVO zu finden ist, ausreichend motivierend für die Einhaltung der DSGVO und entsprechende Verhaltensregeln und Zertifizierungen ist.[140]

---

[140] Vgl. Strohmaier 2016, S. 251.

3 Compliance

3.1 Begriffsbestimmung und -abgrenzung

Unter Compliance wird in Unternehmen die Einhaltung von Gesetzen und sonstigen Regelungen verstanden. Sie ist Teil der Unternehmensorganisation in großen Unternehmen.[141] Seit 2007 taucht dieser Begriff auch unter der Ziffer 4.1.3 des Deutschen Corporate Governance Kodex (DCGK) auf. Dort heißt es: „Der Vorstand hat für die Einhaltung der gesetzlichen Bestimmungen und der unternehmensinternen Richtlinien zu sorgen und wirkt auf deren Beachtung durch die Konzernunternehmen hin (Compliance)."[142] Unternehmen unterliegen vielen regulatorischen Anforderungen, zu denen auch der Themenkomplex des Datenschutzes (s. Kap. 2) gehört. Zumeist sind alle Unternehmensbereiche selbst für die Einhaltung der (Rechts-)Vorschriften verantwortlich.[143] Um einen reibungslosen Geschäftsbetrieb gewährleisten zu können, sind in Unternehmen interne Vorschriften von allen Mitarbeitern einzuhalten. Daher ist bei Compliance mit Unternehmensbezug häufig der Begriff *Corporate Compliance* anzutreffen.[144] Die Einhaltung der Regelungen kann über die Rechtsabteilung oder interne Revision (IR) hinaus durch eine Compliance-Stelle überwacht werden, die ggf. für Sanktionen sorgt.[145]

Als umfassenderer Themenkomplex ist die IT-Compliance zu nennen, die neben der Einhaltung von Vorgaben auch die Prozesse und die Sensibilisierung der Mitarbeiter, den Regularien zu folgen, beinhaltet. Rath und Sponholz grenzen bewusst innerhalb der IT-Compliance die Data-Governance, die die Verwaltung und Verwendung der vorhandenen Unternehmensdaten regelt, von der IT-Governance, die sich auf Organisations- und Leitungsstrukturen bezieht, ab.[146]

Einen Überblick über die Einflussfaktoren auf IT-Compliance gibt Falk und untergliedert die Problembereiche dabei in politisch-rechtliche, ökonomische, sozio-kulturelle und technologische.[147] Compliance-relevante Frameworks für den IT-Bereich werden in Kapitel 3.4.3 näher ausgeführt.

---

[141] Vgl. Weber-Rey 2013, S. 572.
[142] Regierungskommission Deutscher Corporate Governance Kodex 2017.
[143] Vgl. Quentmeier 2012, S. 22-23.
[144] Vgl. Jäger et al. 2009, S. 25.
[145] Vgl. Brüner und Raddatz 2010, S. 139.
[146] Vgl. Rath und Sponholz 2009, S. 24-25, 31.
[147] Vgl. Falk 2012, S. 4.

Weitere Arten der Compliance sind nach Quentmeier:[148]

- *Arbeitsrechtliche Compliance*, die sich zum einen mit den Organisations- und Kontrollpflichten des Unternehmens und zum anderen mit den Schulungen von Mitarbeitern in Bezug auf die zu befolgenden Regelungen befasst.[149]
- *Anti-Trust Compliance* umfasst die kartellrechtlichen Aspekte und Regeln im Unternehmen, die sowohl auf Organe und leitende Angestellte und deren Pflichten anzuwenden ist als auch Kartellrechtsverstößen vorbeugen soll.[150]
- *Criminal Compliance* soll durch eine frühzeitige Erkennung und Bekämpfung von Straftaten die negativen Folgen wie Schäden der Unternehmensreputation oder Strafzahlungen abmildern oder sogar ganz verhindern.[151]
- *Steuerrechtliche Compliance*, die auch als *Tax Compliance* bezeichnet wird, hat ebenfalls zur Aufgabe, „Unternehmen und ihre Organe vor Haftungsansprüchen zu schützen."[152] Dabei sollte das Unternehmen innerhalb der gesetzlichen Vorgaben agieren, kann aber steuerliche Gestaltungsspielräume nach seinen Interessen auslegen.[153]

Über das streng gesetzesbezogene Verständnis von Compliance, also die *Legal Compliance,* hinaus sind nach Claussen im Unternehmen auch ethische Aspekte zu berücksichtigen, die in einem Integritätsmanagement überwacht werden.[154] Der zugrundeliegende Integritätsansatz berücksichtigt im Gegensatz zur Stakeholder-Value-Idee nicht alle auf das Unternehmen einwirkenden Beteiligten, sondern nur die treibenden Kräfte. So wird gewährleistet, dass besonders die Mitarbeiter in die Zielfindung einbezogen werden und sich so auch enger mit den ethischen Werten verbunden fühlen.[155] Ethische Vorgaben sind besonders Gegenstand der *Corporate Social Responsibility* (CSR), die sowohl die Corporate Governance als auch damit verbunden die Compliance umfasst.[156]

---

[148] Vgl. Quentmeier 2012, S. 14.
[149] Vgl. Mengel 2009, S. 9.
[150] Karbaum 2010, S. 3.
[151] Vgl. Petsche und Larcher 2011, S. 52.
[152] Schoppe 2013, S. 167.
[153] Vgl. Schoppe 2013, S. 167.
[154] Vgl. Claussen 2011, S. 51–53.
[155] Vgl. Mentzel 2013, S. 172.
[156] Vgl. Engelhart 2012, S. 50.

3.2 Compliance als Bestandteil des GRC-Managements

In Unternehmen stehen neben der Compliance auch das Risikomanagement sowie die Corporate Governance (CG), die gemeinsam im so genannten GRC[157]-Management zusammengefasst werden.[158]

- *Corporate Governance* bildet den Rahmen aus Richtlinien und Regeln, innerhalb dessen die Unternehmensführung und die Mitarbeiter agieren und kontrolliert werden.[159] Zu den grundlegenden Governance-Entscheidungen gehören Make-or-buy-decisions, die bestimmen, ob und welche Tätigkeiten ausgelagert werden, sowie Überlegungen zu strategischen Kooperationen.[160]
- Das *Risikomanagement* identifiziert, bewertet und steuert Risiken.[161] Risiken sollten nur dann eingegangen werden, wenn sie abschätzbar und kontrollierbar sind bzw. die Nicht-Einschätzbarkeit durch entsprechend hohe potenzielle Auszahlungen kompensiert wird.[162]

Die Begriffe Corporate Governance und Compliance bezeichnen ähnliche Problemkreise, die die CG aus der Sicht der Regulierenden beschreibt, während Compliance die Perspektive der Regulierten einnimmt.[163]

Auch Risikomanagement und Compliance sind ähnlich gelagert, unterscheiden sich allerdings hinsichtlich ihres Zwecks; während Risikomanagement sich auf die Schadensabwehr und Vorteilsmehrung im Sinne der Gesellschafter bezieht, soll Compliance für die Einhaltung rechtlicher Normen sorgen.[164] In Bezug auf die Kommunikation ist eine enge und transparente Beziehung zwischen Risikomanagement und Compliance-Abteilung notwendig, um sicherzustellen, dass die notwendigen Informationen an der zuständigen Stelle vorliegen.[165]

Compliance und CG begrenzen Risikomanagement auf das Eingehen solcher Risiken, die durch „die guten Sitten, die Unternehmenssatzung und das für alle geltende Strafrecht"[166] bestimmt werden. Einer anderen Auffassung zufolge gehören Compli-

---

[157] Governance, Risk und Compliance.
[158] Vgl. Engelbrechtsmüller 2009, S. 161–162.
[159] Vgl. Goll und Haupt 2008
[160] Vgl. Keuper et al. 2010, S. 194f.
[161] Vgl. Weber-Rey 2013, S. 559.
[162] Vgl. Hauschka 2010, S. 14.
[163] Vgl. Hauschka 2010, S. 3.
[164] Vgl. Schmidt 2010, S. 21.
[165] Vgl. Inderst 2013, S. 86, 94.
[166] Hauschka 2010, S. 14.

ance, Risikomanagement und das interne Kontrollsystem (IKS) unter das Dach der Corporate Governance, die den Ordnungsrahmen vorgibt (s. Abbildung 3). Alle drei Bereiche sind Gegenstand der Kontrolle durch die interne Revision.[167]

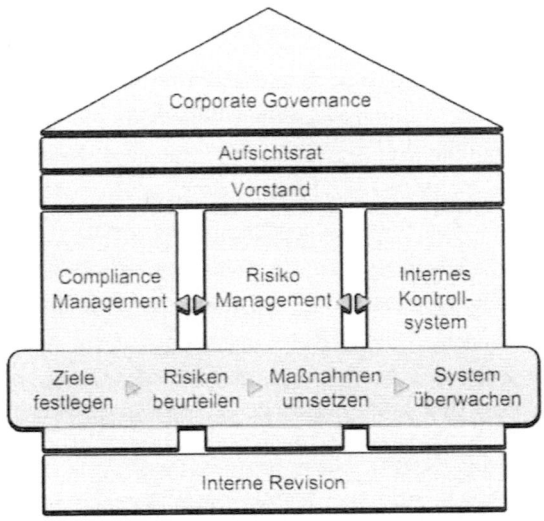

Abbildung 3: House of Corporate Governance[168]

Die unterschiedlichen Abteilungen, die sich neben Compliance mit ähnlichen Themen befassen, sollten hinsichtlich ihrer Aufgaben voneinander abgegrenzt werden. Dennoch existieren Schnittstellen, die Kooperation ermöglichen und im Zuge transparenter Kommunikation Doppelarbeit vermindern sollen. Die Aufgaben können in der Rechtsabteilung, dem IKS, der IR, im Controlling sowie im Risikomanagement verortet sein.[169] Zu den Überwachungsaufgaben gehören unter anderem stichprobenartige Kontrollen, die im Rahmen von Compliance-Audits durchgeführt werden können.[170]

---

[167] Vgl. Petsche 2011, S. 9.
[168] Aus: Petsche 2011, S. 9.
[169] Vgl. Napokoj 2010, S. 11.
[170] Vgl. Lampert und Mattey 2010, S. 632.

3.3 Motive für die Errichtung eines Compliance-Managements

Unternehmen drohen bei Nichteinhaltung von gesetzlichen Vorgaben hohe Bußgelder. Außerdem ist die Aufarbeitung von Compliance-Verstößen gegenüber der Öffentlichkeit sowie den Mitarbeitern mit weiteren Kosten verbunden.[171]

Gegenüber Geschäftspartnern kann Non-Compliance außerdem zu ökonomischen Folgeschäden wie Schadensersatzansprüchen, Ausschluss von öffentlichen Aufträgen oder Gewinneinbußen führen. Auch wird die zukünftige Rekrutierung von Top-Managern erschwert, wenn Compliance-Verstöße bekannt geworden sind.[172] Bereits vorhandene Mitarbeiter bzw. Entscheidungsträger sollen durch ein Compliance-System dahingehend geschützt werden, dass sie nicht persönlich haften oder sich einem Strafverfahren unterziehen müssen, weil potenzielle Verstöße frühzeitig erkannt und verhindert werden können.[173] Zudem drohen schwer quantifizierbare Umsatzeinbrüche durch den Rückzug externer Beteiligter wie Kunden oder Lieferanten. Das gilt auch dann, wenn Vorfälle nicht medial wirksam werden, sich aber dennoch in der Branche herumsprechen.[174]

Neben den ökonomischen Motiven, ein Compliance-System einzuführen, gibt es für bestimmte Unternehmen auch die rechtliche Notwendigkeit, dies zu tun. Zu diesen gehören in Deutschland speziell Aktiengesellschaften und solche Unternehmen, die mit Wertpapieren handeln:

- Aus § 91 Abs. 2 AktG ergibt sich, dass der Vorstand von *Aktiengesellschaften* geeignete Maßnahmen zu treffen hat, damit in einem Unternehmen gefährdende Ereignisse frühzeitig erkannt werden können. Insbesondere hat der Vorstand ein Überwachungssystem einzurichten, dessen Maßnahmen ihn zeitnah über das Geschehen im Unternehmen in Kenntnis setzen. Ob § 91 Abs. 2 AktG eine Ausstrahlungswirkung auf andere Rechtsformen hat und wenn ja, mit welcher Reichweite, wird diskutiert. Grundsätzlich ist festgehalten, dass dadurch auch in einer Gesellschaft mit beschränkter Haftung (GmbH) bei entsprechender Größe und Organisationsstruktur eine interne Revision notwendig werden kann, selbst wenn dies nicht explizit im GmbH-Gesetz geregelt ist.[175]

---

[171] Vgl. Behringer 2013, S. 43.
[172] Vgl. Grüninger 2010, S. 40–41.
[173] Vgl. Petsche und Larcher 2011, S. 52.
[174] Vgl. Marnitz 2011, S. 6.
[175] Vgl. Wecker und Galla 2009, S. 61-64.

- Im Rahmen des Gesetzes über das Kreditwesens (KWG), konkret in § 25a KWG, wird für *Kreditinstitute* geregelt, dass sie im Rahmen einer ordnungsgemäßen Geschäftsorganisation ein Risikomanagement einzuführen haben, das u. a. interne Kontrollverfahren umfasst. Die werden in einem Kontrollsystem und bei der internen Revision erfasst. Teil des Kontrollsystems ist eine Compliance-Funktion.

- In § 33 Wertpapierhandelsgesetz (WpHG) ist außerdem geregelt, dass *Wertpapierdienstleistungsunternehmen* über den § 25a KWG hinaus über eine dauerhafte und wirksame Compliance-Funktion verfügen müssen, die in der Wahrnehmung ihrer Aufgaben unabhängig sein soll. § 12 Abs. 4 der WpD-VerOV[176] sieht für diese Unternehmen vor, dass ein Compliance-Beauftragter bestimmt werden muss. Konkret ist dieser Compliance-Beauftragte gem. § 34d Abs. 3 WpHG dadurch gekennzeichnet, dass er fachlich und persönlich für diese Funktion geeignet ist.

Daneben bestehen allgemeinere Regelungen, die ebenfalls auf die Einrichtung von Compliance-Maßnahmen hinauslaufen können. So sieht das Gesetz über Ordnungswidrigkeiten in § 130 OWiG vor, dass ein Unternehmen geeignete Aufsichtsmaßnahmen treffen muss, um Gesetzesverstöße zu verhindern. Allerdings kann ein Compliance-System, vor allem wenn es beispielsweise nach IDW PS 980 zertifiziert ist, als Entlastungsnachweis dienen, um zu belegen, dass den geforderten Maßnahmen nachgekommen wurde.[177]

International gibt es eine Reihe von Vorgaben, wie z. B. den Sarbanes-Oxley Act (SOA) aus dem Jahr 2002 in den USA, den Bribery Act 2010 in Großbritannien[178] oder den australischen Standard AS 3806-2006, der in der Literatur wegen des Ansatzes, Unternehmen konkrete Handlungsanweisungen zu geben, als erfolgreich hervorgehoben wird.[179]

Aus den genannten Regelungen ergeben sich Sanktionsmöglichkeiten und andere Konsequenzen, die von Bußgeldern über Schadensersatzforderungen bis hin zur Strafverfolgung reichen.[180]

---

[176] Verordnung zur Konkretisierung der Verhaltensregeln und Organisationsanforderungen für Wertpapierdienstleistungsunternehmen.
[177] Vgl. Wegner 2014, S. 19.
[178] Vgl. Engelhart 2012, S. 292, 789,
[179] Vgl. Hauschka 2010, S. 25-26.
[180] Vgl. Moosmayer 2012, S. 16-20.

3.4 Organisation und Implementierung von Compliance

3.4.1 Zuständigkeiten und Strukturen

In Unternehmen sollten klare Zuständigkeiten für den Umgang mit Compliance-relevanten Themen geschaffen werden. Häufig richtet die Geschäftsleitung dafür ein Compliance-Ressort ein. Im Zuge dessen wird ein *Compliance-Officer* ernannt, der verantwortlich für die Compliance innerhalb der Organisation ist. In der Literatur sind neben dem häufig anzutreffenden Begriff des Compliance-Officers auch andere Bezeichnungen wie Compliance-Beauftragter oder Chief Compliance Officer oder Compliance-Manager in Verwendung. Es sollte aber eine Verwechslung mit dem in § 12 Abs. 4 WpDVerOV beschriebenen Compliance-Beauftragten vermieden werden.[181] Der Chief Compliance Officer (CCO), der in der Regel einer autonomen Compliance-Organisation vorsteht,[182] wird durch eine unabhängige Kontrollinstanz, das Compliance Committee, unterstützt und überwacht.[183] Der CCO sollte direkt an die Geschäftsleitung berichten, in deren Verantwortungsbereich letztlich trotz der Delegation von Aufgaben die Einhaltung der Compliance-Vorgaben liegt.[184]

Neben diesem zentralen CCO gibt es weitere mit Compliance-Aufgaben betraute dezentrale Beauftragte, die jeweils die Compliance-Risiken in ihren rechtlichen bzw. fachlichen Bereichen eliminieren sollen.[185] Auch können dezentrale Beauftragte zuständig sein für lokal abgegrenzte Gebiete, zum Beispiel ausgelagerte Unternehmensstandorte.[186] Diese berichten an den CCO, der wiederum direkt der Unternehmensleitung berichtet.[187] Einen möglichen Aufbau, in dem unterschiedliche Compliance-Officer in die Unternehmensstrukturen integriert werden und wie die Berichtswege angelegt sind (vgl. Abbildung 4), findet sich bei Groß.[188]

---

[181] Vgl. Schmidt 2010, S. 146-147.
[182] Vgl. Moosmayer 2012, S. 34.
[183] Vgl. Wecker und Galla 2009, S. 67.
[184] Vgl. Depré 2011, S. 15.
[185] Vgl. Bürkle 2010, S. 150.
[186] Vgl. Inderst 2013, S. 97.
[187] Vgl. Bürkle 2010, S. 147-151.
[188] Vgl. Groß 2012, S. 63.

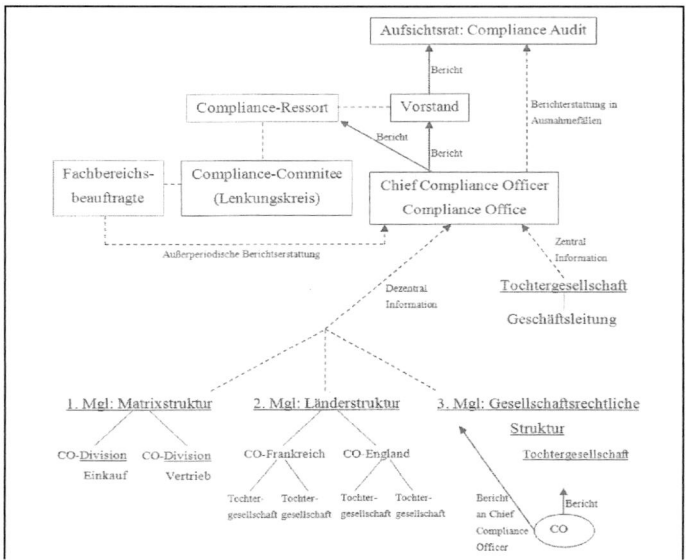

Abbildung 4: Mögliche interne Compliance-Organisationen in Konzernen.[189]

Mitunter werden in Unternehmen die bereits vorhandenen Beauftragten, wie z. B. Abfall-, Umweltschutz-, Datenschutz- oder auch Arbeitsschutzbeauftragte, zusätzlich mit Compliance-Aufgaben betraut.[190] Das hat den Vorteil, dass Doppelarbeiten vermieden werden und die Fachkenntnisse der jeweiligen Beauftragten in die Compliance-Tätigkeiten mit einfließen können.[191] Ein Nachteil besteht allerdings in der schnell auftretenden Überlastung der Mitarbeiter.

3.4.2 Bestandteile eines Compliance-Management-Systems

Um die in Kapitel 3.2 erläuterten Motive für die Einführung von Compliance-Aktivitäten zu erfüllen, kann ein Compliance-Management-System implementiert werden, das die beschriebenen, aufgeteilten Aufgabenstrukturen wieder verknüpft (Aufbauorganisation) und die jeweils notwendigen Prozesse miteinander verbindet (Ablauforganisation).[192] Wieland beschreibt vier strategische Stufen, auf denen die Aufbau- und Ablauforganisation eines CMS strategisch verortet sind (s. Abbildung 5).

---

[189] I. A. a. Fett/Theusinger (2010), S. 11–14; Rodewald /Unger (2007), S. 1631, zit. n.: Groß 2012, S. 63.
[190] Vgl. Lampert 2010, S. 169.
[191] Vgl. Bürkle 2010, S. 154-155.
[192] Vgl. Wieland 2010, S. 21-22.

Abbildung 5: Aufbau und Struktur eines CMS.[193]

Zunächst sollte als Ausgangsbasis der weiteren Verhaltensregeln ein Wertesystem kodifiziert werden, das das Unternehmensleitbild widerspiegelt und zugänglich für alle Mitarbeiter des Unternehmens ist (Stufe 1). Anschließend werden Einzelregelungen verfasst und implementiert, die im Detail beschreiben, wie Mitarbeiter sich konkret zu verhalten haben (Stufe 2). Im Rahmen einer Systematisierung werden verschiedene Aufgabenbereiche abgegrenzt und entsprechende Elemente wie ein Lieferantenscreening (Instrumente), Druckerzeugnisse zu den beschriebenen Regelungen (Kommunikation) oder Kontrollabläufe (Review) installiert (Stufe 3). Zuletzt werden die zuständigen Personen für die Compliance-bezogenen, organisatorischen Maßnahmen festgelegt (Stufe 4).[194] Grüninger erweitert die Stufe des Systematisierens um eine Risikobeurteilung. So soll konkret festgehalten werden, welche Prozesse mit welchem Risiko verbunden sind.[195]

Verschiedene Institutionen haben sich mit der Vorgabe von CMS-Schemata befasst. So hat z. B. der IDW mit der Norm PS 980 einen nationalen Zertifizierungsstandard

---

[193] Aus: Wieland 2010, S. 22.
[194] Vgl. Wieland 2010, S. 22-24.
[195] Vgl. Grüninger 2010, S. 60, 65.

aufgestellt. Komplementär dazu bietet die international gültige ISO 19600 ebenfalls die Möglichkeit, ein CMS zertifizieren zu lassen.[196]

Der Prüfungsstandard des IDW enthält sieben Grundelemente:[197]

1. Die Grundlage der Wirksamkeit des CMS wird durch die *Compliance-Kultur* gebildet. Zu ihr gehören das Commitment von Geschäftsführung und Aufsichtsgremien, das eine Signalwirkung für die Mitarbeiter haben soll.
2. In Zusammenhang mit den allgemeinen Unternehmenszielen werden *Compliance-Ziele* bestimmt, die für jeden Bereich festlegen, wohin die Einführung eines CMS führen soll.
3. Solche *Compliance-Risiken*, die ein Abweichen der Compliance-Ziele nach sich ziehen würden, sollen bestimmt und hinsichtlich ihrer Eintrittswahrscheinlichkeit und Konsequenzen beurteilt werden.
4. Die Maßnahmen zur Umsetzung werden im *Compliance-Programm* festgeschrieben. Sie dienen der Bekämpfung bzw. Minimierung der zuvor identifizierten Risiken.
5. Die Zuständigkeiten der Aufbau- und Ablauforganisation werden im Rahmen der *Compliance-Organisation* entworfen und die zugehörigen Instrumente budgetiert.
6. Im Bereich der *Compliance-Kommunikation* werden alle Adressaten, sowohl Mitarbeiter als auch Dritte, berücksichtigt. Die Betroffenen werden über festgelegte Mittelleute und Berichtswege informiert.
7. Schließlich sorgt die *Compliance-Überwachung und -Verbesserung* für die „Angemessenheit und Wirksamkeit des CMS",[198] was eine Dokumentation des eingeführten CMS sowie der Schwachstellen oder Regelverstöße voraussetzt.

Die ISO 19600 folgt in ihrem Aufbau den zehn Elementen der sog. „High Level Structure", die die ISO für ihre Managementsysteme vorgesehen hat. Nach der Klärung des Anwendungsbereiches (1), der normativen Verweisungen (2) und der Begriffe und Definitionen (3) wird der Kontext der Organisation betrachtet (4). Dabei soll ein Verständnis für die Organisation und die Bedürfnisse anderer Stakeholder geschaffen (4.1 und 4.2) und der Geltungsbereich des CMS festgelegt und in dokumentierter Form zur Verfügung gestellt werden (4.3 und 4.4). Außerdem soll im Unternehmen ein Prozess vorhanden sein, der Änderungen von Gesetzen und anderen Verpflichtungen, die sich auf die operative Tätigkeit auswirken, systematisch erfasst (4.5). Die Compliance-Risiken müssen ferner regelmäßig identifiziert, hinsichtlich der Eintrittswahrscheinlichkeit und Schadenshöhe analysiert und bewertet werden (4.6).

---

[196] Vgl. Kayser et al. 2016.
[197] Vgl. Institut der Wirtschaftsprüfer in Deutschland 2011, S. 20–24.
[198] Institut der Wirtschaftsprüfer in Deutschland 2011, S. 6.

Ebene 5 setzt sich mit Funktionen der Organisationsleitung auseinander, die sich engagiert zeigen soll (5.1), die Grundwerte bestimmt (5.2) sowie Verantwortlichkeiten für Compliance-Inhalte zuweist (5.3).[199] Die ISO 19600 weist darauf hin, dass das Top-Management ein klares Commitment für die Compliance-Einhaltung zeigen muss.[200]

Gegenstand von Block 6 ist die Planung der Maßnahmen, mit denen Compliance-Risiken begegnet werden soll (6.1) bzw. Compliance-Ziele erreicht werden sollen (6.2). Außerdem wird der Support des CMS (7) in Form von ausreichenden Ressourcen, Kompetenzsteigerungs- und Schulungsmaßnahmen und der Sensibilisierung der an der Organisation beteiligten Personen für Compliance gesichert. Zudem werden die Abläufe der internen und externen Kommunikation festgelegt und es wird gesichert, dass wichtige Informationen dokumentiert und verfügbar gemacht werden. In Punkt 8 wird gefordert, dass konkrete Prozesse so ablaufen, dass sie zugleich auch Compliance-Anforderungen erfüllen. Zudem werden interne Kontrollen und ein integriertes Risikomanagement im CMS verlangt. In der Leistungsbewertung (9) geht es um die Kontrolle und Auditierung der eingeführten Maßnahmen und um die Compliance-Berichterstattung. Im letzten Block (10) geht es schließlich um die zu ergreifenden Maßnahmen bei Non-Compliance und um die kontinuierliche Verbesserung des Systems.[201] Die Zusammenhänge der einzelnen Blöcke[202] und ihrer Unterpunkte im Rahmen eines CMS zeigt Abbildung 6.

---

[199] Vgl. ISO 2014.
[200] Vgl. Fissenewert 2015, S. 53.
[201] Vgl. Fissenewert 2015, S. 107-172.
[202] Die Blöcke 1-3 bilden Vorüberlegungen in der ISO 19600 und sind nicht Teil des CMS.

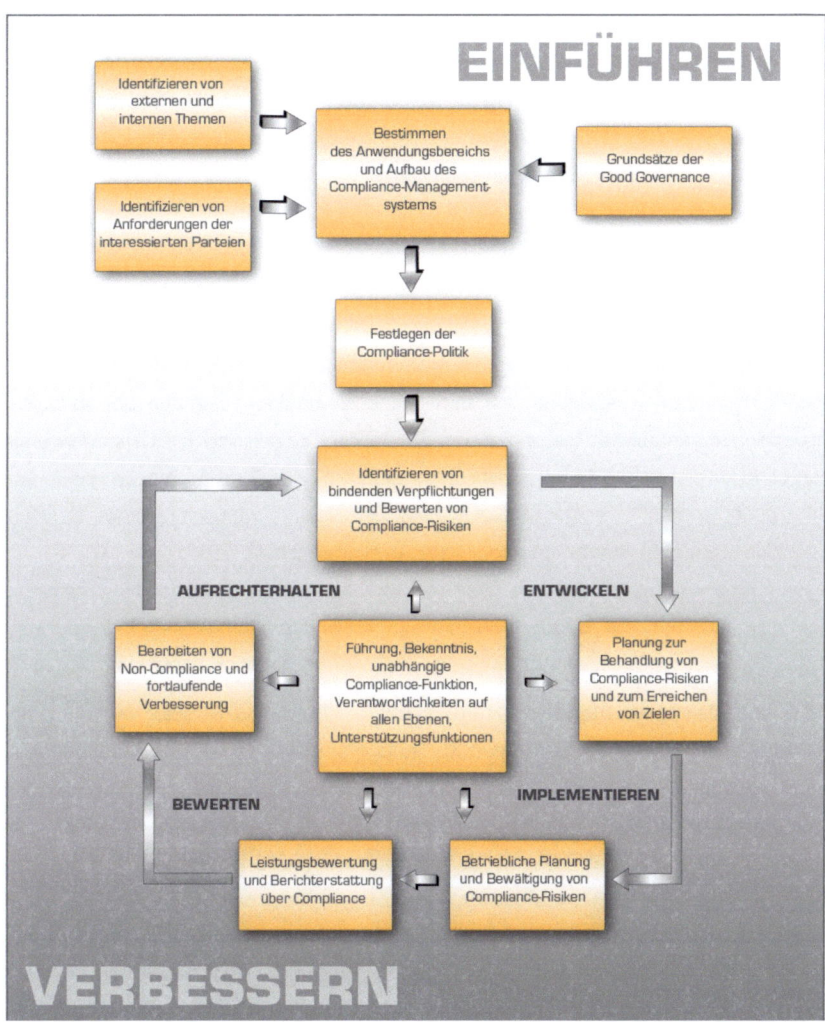

Abbildung 6:   CMS gem. ISO 19600.[203]

Genügt ein CMS der Richtlinie ISO 19600, dann entspricht es auch u. a. den Vorgaben des IDW PS 980.[204] Die ISO 19600 ist allerdings stärker auf operative Maßnahmen ausgelegt. Jonas identifiziert als die fünf Grundsäulen die Bewertung des Umfeldes und der Compliance-Risiken, die Unternehmensführung, systemische Steuerungs- und Kontrollmaßnahmen, Training und Kommunikation sowie Monitoring, interne Audits

---

[203] Vgl. ISO 2014.
[204] Vgl. Fissenewert 2015, S. 176.

und Reaktion.[205] Diese Säulen übernehmen bzw. fassen die zehn High-Level-Structure-Blöcke der ISO zum Teil zusammen und stellen die operative Ausrichtung dar. Damit beschreibt die ISO 19600 für das Unternehmen, wie ein CMS einzurichten ist, während der IDW PS 980 primär dafür gedacht ist, Wirtschaftsprüfern die Prüfung von CMS auf ihre Wirksamkeit hin zu erleichtern.[206]

3.4.3 Control-Frameworks für IT-Compliance

Vor dem Hintergrund, dass in der vorliegenden Arbeit insbesondere IT- und Datenschutzthemenbereiche relevant sind, sollen im Folgenden die Compliance-Rahmenwerke, die sich auf dieses Segment beziehen, sowie deren Entwicklung ausgeführt werden. Ausgehend von den Börsenskandalen 1934 und der daraufhin etablierten Börsenaufsicht Securities and Exchange Commission (SEC) kamen erste Ansprüche an ein kontrollierbares Berichtswesen auf. Damit sollte den so genannten „white collar crimes"[207] entgegengewirkt werden. Schnell wurde allerdings deutlich, dass eine Kontrolle durch uneinheitliche Berichterstattung erschwert wurde. Als Gegenmaßnahmen gründete sich die National Commission on Fraudulent Financial Reporting (NCFFR), zu deren Finanzierung 1985 das Committee of Sponsoring Organizations of the Treadway Commission (COSO) als Sponsor eingerichtet wurde.[208]

COSO hat 1992 einen Standard für IKS veröffentlicht, der mittlerweile auch von der SEC anerkannt wurde.[209] Als internes Kontrollsystem wirkt es mit fünf Komponenten, dem Kontrollumfeld, der Risikobeurteilung, den Kontrollaktivitäten, Information und Kommunikation sowie Überwachung, die alle aktiv vom Management eingeführt und umgesetzt werden sollen.[210] Sie werden je nach Geschäftseinheiten und -prozessen unter den Zielgrößen Sicherung der Wirksamkeit und Wirtschaftlichkeit der Geschäftstätigkeit (Operations), Ordnungsmäßigkeit und Verlässlichkeit der Finanzberichterstattung (Financial Reporting) und Compliance eingesetzt.[211] COSO wird als Rahmen global akzeptiert und ist weit verbreitet.[212]

Der COSO I wurde 2013 überarbeitet und an die Gegebenheiten moderner Markt- und Unternehmenseinflüsse angepasst. Die fünf Komponenten sowie ihre Zieldimensionen

---

[205] Vgl. Jonas 2016, S. 62-63.
[206] Vgl. 3GRC 2015.
[207] Vgl. Mack 2010.
[208] Vgl. Rüter et al. 2010, S. 104.
[209] Vgl. Mack 2010.
[210] Vgl. COSO 2013, S. 1.
[211] Vgl. Menzies 2006, S. 5-6.
[212] Vgl. Falk 2012, S. 136.

wurden aufrechterhalten, allerdings soll nun der Globalisierung, der größeren Komplexität von Geschäftsprozessen und Gesetzen sowie Regulierungen Rechnung getragen werden. Auch sollen inzwischen höhere Erwartungen bezüglich der Vorbeugung und Erkennung von Betrug und neue technologische Möglichkeiten berücksichtigt werden. Um dies zu gewährleisten, wurde COSO I konkretisiert und um 17 Prinzipien, die jeweils mit Fokuspunkten untermauert wurden, ergänzt (s. Tabelle 1):[213]

Kontrollumfeld	Risikobeurteilung	Kontrollaktivitäten	Information und Kommunikation	Überwachung
1. Selbstverpflichtung zur Wahrung von Integrität und ethischen Werten. 2. Überwachung von Entwicklung und Erfolg des internen Kontrollsystems 3. Definition von Strukturen, Berichterstattungs-Leitlinien und für die Zielerreichung notwendige Aufgaben 4. Verpflichtung zum Werben, Fördern und Binden von kompetenten Mitarbeitern 5. Rechenschaftspflicht durchsetzen	6. Bestimmen von ausreichend klaren Zielen 7. Identifizieren und Analysieren von zielbezogenen Risiken 8. Bewerten des Betrugspotenzials 9. Identifizieren und Bewerten von Entwicklungen und Veränderungen mit Einfluss auf IKS	10. Auswählen und Entwickeln von Kontrollaktivitäten zur Risikominderung 11. Entwickeln und Bestimmen von Kontrollaktivitäten für die Unternehmenstechnologie 12. Einsatz von Richtlinien und Prozessen, die die Kontrollaktivitäten definieren und deren Umsetzung sicherstellen	13. Verwenden von wichtigen qualitativen Informationen, zur Unterstützung der Funktionsfähigkeit des IKS 14. Kommunikation von internen Informationen zur Unterstützung der internen Kontrolle 15. Kommunizieren von Themen mit Externen mit Bezug zur Funktionsfähigkeit der internen Kontrolle	16. Wählen und Entwickeln fortlaufender Beurteilungen zur Feststellung, ob Bestandteile des IKS existieren und funktionieren 17. Zeitnahes Bewerten und Kommunizieren von Schwächen im IKS an Verantwortliche, Management und an das Steuerungsgremium

Tabelle 1: Die 17 Prinzipien von COSO I.[214]

Im sechsten Prinzip wird die Zieldimension Financial Reporting in drei Kategorien eingeteilt. Dabei werden externe Finanzberichte und nicht finanzbezogene Berichte sowie interne Berichte unterschieden.[215] Im elften Prinzip werden die Kontrollen des Unternehmens in den IT-Anwendungen definiert. Dort sind auch infrastrukturbezogene Aktivitäten zur Kontrolle von datenbezogenen Prozessen geregelt: „Sie schützen das

---

[213] Vgl. Galligan und Rau 2015, S. 1-3.
[214] Aus: Galligan und Rau 2015, S. 3.
[215] Vgl. Galligan und Rau 2015, S. 5.

Unternehmen vor unautorisierten Zugriffen auf Informationen, Daten und Systeme und unterstützen die Einhaltung der Funktionstrennung."[216]

COSO I hatte in der ursprünglichen Fassung von 1992 das IKS als Ausrichtungsvorgabe, das sich tendenziell mit bereits erhobenen Daten befasst. Das führte dazu, dass Risikomanagement, also ein Blick auf Wahrscheinlichkeiten und zukünftige Ereignisse, nicht im Fokus stand. Diesen Mangel sollte das 2004 veröffentliche COSO Enterprise Risk Management (ERM) – auch als COSO II bezeichnet – beheben. Darin wurden die Zieldimensionen um eine Strategieebene und die Operationsfelder auf insgesamt acht erweitert: Es blieben Risikobeurteilung, Information und Kommunikation, Überwachung, Kontrollaktivitäten und das Kontrollumfeld, Letzteres wird allerdings auf interne Belange bezogen. Zusätzlich werden die Zielsetzung, Ereignisidentifikation und Risikobewältigung neu eingeführt. Im Jahr 2009 wurde der COSO ERM noch um drei ausführliche Handbücher zum Monitoring ergänzt.[217]

Aufgrund der ursprünglichen Ausrichtung des COSO-Rahmenwerks als IKS sind Problemkreise der Informationstechnologie noch nicht explizit damit abgedeckt.[218] Die Vorstellungen von COSO werden daher durch die 1996 von der Information Systems Audit and Control Association (ISACA) erstmals veröffentlichten Control Objectives for Information and Related Technology (COBIT) ausgeführt, die vor allem die IT-Ziele mit den Unternehmenszielen synchronisieren sollen."[219] Das COBIT-Modell war zunächst auf Kontrollziele und Aspekte der Wirtschaftsprüfung ausgelegt. Im Laufe seiner Entwicklung entwickelte sich das Prozessmodell immer mehr zu einer methodischen Ergänzung zum Management der IT-Abteilung.[220] Es ist als ganzheitliches Modell anzusehen, das alle Aspekte der IT „von der Planung über den Betrieb bis hin zur Entsorgung"[221] umfasst. Die Entstehung von COBIT, das aus der Integration und Harmonisierung von 36 nationalen und internationalen Referenzmodellen entwickelt wurde, wurde von der Umsetzung von Best Practices beeinflusst.[222]

Die IT-Governance von Unternehmen wird zunehmend mit dem COBIT-Modell gestaltet. Das 2012 veröffentlichte COBIT 5 stellt die aktuelle Version dar und ist wie die aktuelle COSO-2013-Version stärker strategieorientiert als ihre Vorgänger. Damit soll sie für die Unternehmen einen Mehrwert aus der IT schaffen. Als Ausgansperspek-

---

[216] Gaulke 2014, S. 128-129.
[217] Vgl. Mack 2010.
[218] Vgl. Johannsen und Goeken 2007, S. 103.
[219] Vgl. Falk 2012, S. 61.
[220] Vgl. Johannsen und Goeken 2007, S. 40.
[221] SecurIntegration GmbH 2008, S.38-39.
[222] Vgl. Johannsen und Goeken 2007, S. 44, 47.

tive wird die Sicht der Stakeholder gewählt, die in die Zielvorgaben und Strategien einfließt. Die Komponenten von COBIT 5 sind:[223]

1. Stakeholder-Anforderungen erfüllen
2. gesamtes Unternehmen berücksichtigen
3. übergreifendes Rahmenwerk, das spezielle Vorgaben integriert, anwenden
4. ganzheitlicher Ansatz
5. Unterscheidung von Management und Governance

Zum vierten Prinzip gehören sieben Faktoren, die als Enabler beschrieben werden und maßgeblich für den Unternehmenserfolg sind (s. Abbildung 7). Die Faktoren 5, 6 und 7 werden als IT-Ressourcen betrachtet.[224]

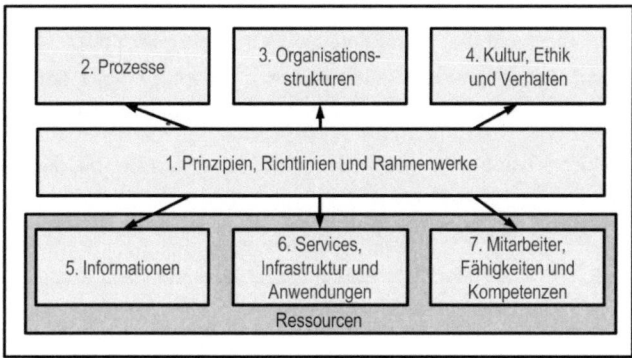

Abbildung 7: Erfolgsfaktoren im COBIT 5.[225]

Die im Prozessmodell festgeschriebenen Prozesse sollen ein umfassendes Kontrollumfeld generieren, in dem alle internen und externen Anforderungen an IT-Sicherheit erfüllt werden können.[226] Konkret werden 37 Prozesse in den fünf Domänen Evaluieren, Vorgeben und Überwachen (EDM), Anpassen, Planen und Organisieren (APO), Aufbauen, Beschaffen und Implementieren (BAI), Bereitstellen, Betreiben und Unterstützen (DSS) sowie Überwachen, Evaluieren und Beurteilen (MEA) definiert.[227]

Als Folge von Bilanzdatenskandalen, zum Beispiel dem im Zusammenhang mit ENRON,[228] wurde 2002 in den USA der Sarbanes Oxley Act erlassen. Er zielt auf

---

[223] Vgl. Krcmar 2015, S. 616-619.
[224] Vgl. Krcmar 2015, S. 619.
[225] Aus: Krcmar 2015, S. 629.
[226] Vgl. Rüter et al. 2010, S. 22.
[227] Vgl. Gaulke 2014, 51-52.
[228] Das US-amerikanische Energieunternehmen ENRON hatte sich zum Ziel gesetzt, der größte Konzern der Welt zu werden. Um das zu erreichen, wurden Bilanzen manipuliert, was im

Anlegerschutz ab und führt dazu Maßnahmen wie Whistleblowing oder Finanzberichte ein. Damit ging eine neue Diskussion über Corporate Governance und Compliance in wissenschaftlichen Veröffentlichungen und Unternehmen einher.[229] Um den SOA in Hinblick auf die IT-Infrastruktur bedienen zu können, hat das von der ISACA als Institut gegründete IT Governance Institute (ITGI)[230] das COSO-Rahmenwerk mit dem IT-Governance-Referenzmodell COBIT zu einem COSO-COBIT-Mapping verbunden.[231]

Die IT Infrastructure Library (ITIL) wurde ursprünglich von einer britischen Beratungsstelle für eigene Zwecke entwickelt, dann 2001 dem Office of Government Commerce (OGC) unterstellt. Es ist ein Referenzmodell, das zum Managen der internen IT-Dienstleistungen gedacht ist und sich unter anderem wegen seiner Eignung als Basis für Ausschreibungen rasch verbreitet hat. Zwar kann eine IT-Struktur mit nach ITIL gestalteten Prozessen nicht direkt zertifiziert werden, sie ist aber nach ISO/IEC 20000,[232] die auf der ITIL beruht, zertifizierbar.[233] Alternativ dazu können Unternehmen ein IKS im IT-Bereich auch nach IDW PS 330 zertifizieren lassen.[234]

Im Zusammenhang mit Compliance im engeren Sinne gilt, dass zum Beispiel für die ISO/IEC 20000 (IT-Service-Management) keine Relevanz besteht, da sie nicht durch eine sog. Verweisung in Rechtsnormen aufgenommen und auch nicht – im Gegensatz zur ISO-27000er-Gruppe[235] – durch Rechtsprechung als quasi verbindlich festgelegt wurde.[236]

Das BSI hat einen *Leitfaden IT-Sicherheit* erstellt, der sich an IT-Verantwortliche und Administratoren richtet und in 50 Punkten Empfehlungen zur IT-Sicherheit aufzeigt.[237] Der gesamte Katalog besteht neben den 50 Schritten u. a. aus Begriffsbestimmungen, der Nennung von Vorschriften und Gesetzesanforderungen sowie Szenariodarstellungen.[238] Diese BSI-Empfehlungen werden auch als IT-Grundschutz-Katalog bezeich-

---

Dezember 2001 zur Insolvenz führte. 60 Mrd. US-Dollar 20.000 Arbeitsplätze und umfangreiche Pensionsansprüche wurden vernichtet. Vgl. Behringer 2013, S. 31-33.

[229] Vgl. Menzies 2006, S. 15-16.

[230] Vgl. ISACA o. J.

[231] Vgl. Rüter et al. 2010, S. 105-106.

[232] Neben den Normen der ISO gibt es für den technischen Bereich Normen der International Electrotechnical Commission (IEC). Manche Normen werden von beiden Instituten gemeinsam verabschiedet.

[233] Vgl. Krcmar 2015, S. 609-610.

[234] Vgl. ISACA 2011, S. 2.

[235] Die Normen 27001 und 27002 befassen sich mit dem Informationssicherheitsmanagementsystem bzw. der IT-Sicherheitstechnologie. Vgl. Johannsen und Goeken 2007, S. 184-185.

[236] Vgl. Rüter et al. 2010, S. 200-201.

[237] Vgl. Rath und Sponholz 2009, S. 202.

[238] Vgl. Bundesamt für Sicherheit in der Informationstechnologie (BSI) 2012.

net.[239] Abbildung 8 gibt einen Überblick über die beschriebenen Modelle und ihre Einordnung in den Dimensionen Reichweite und Anwendung.

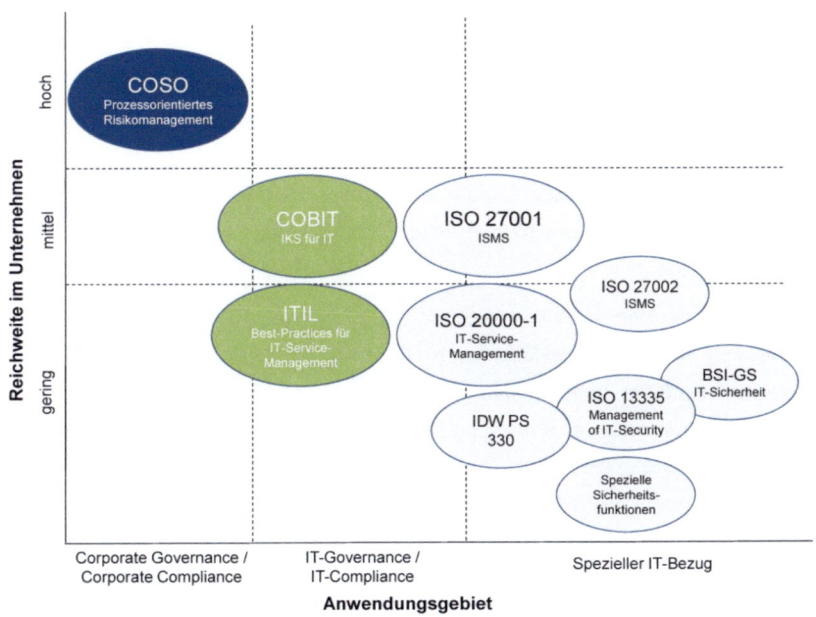

Abbildung 8: Einordnung ausgewählter IT-Frameworks und Standards.[240]

Auf die konkreten Zusammenhänge von Compliance und der in Kapitel 2 betrachteten Datenschutzproblematik soll im folgenden Abschnitt eingegangen werden.

3.5 Zusammenhänge von Datenschutz und Compliance

Ein zentrales Thema von Compliance-Maßnahmen ist der Datenschutz. Schrey bezeichnet IT-Sicherheit sogar als „erste Voraussetzung, um IT-Compliance im Unternehmen herzustellen."[241] Abgesehen von der Funktionalität der Systeme ist der Schutz vor Datenverlusten oder Angriffen mit dem Ziel, unberechtigt an Daten zu gelangen, der wesentliche Inhalt von IT-Compliance. Auch müssen Schäden abge-

---

[239] Vgl. Grünendahl et al. 2012, S. 14-15.
[240] Aus: Falk 2012, S. 45. Anmerkung d. Verf.: Die ISO 13335 wurde von der ISO zurückgezogen und durch andere Normen ersetzt. Vgl. https://www.iso.org/standard/39066.html, Abruf am 27.03.2017.
[241] Schrey 2013, S. 209.

wendet werden, die innerhalb des Unternehmens beispielsweise durch Fehlverhalten ungeschulter Mitarbeiter geschehen. In all diesen Fällen ist auch der Schutz personenbezogener Daten im Rahmen der gesamten IT-Sicherheit von Bedeutung. Außerdem muss dieser Schutz bei der Aufklärung von Compliance-Fällen beachtet werden, sodass beispielsweise bei einer Einsicht in Personalakten die Persönlichkeitsrechte der Betroffenen gewahrt bleiben.[242]

Allgemein sind Ermittlungen in Unternehmen bei einem möglichen Compliance-Verstoß dadurch eingeschränkt, dass die teils unterschiedlichen datenschutzrechtlichen Bestimmungen der jeweiligen Länder eingehalten werden müssen. Auch bei der Compliance-Überprüfung der Eignung von Führungskräften kommen Datenschutzaspekte zum Tragen.[243]

Manager und Geschäftsführer sind wiederum verpflichtet, im Rahmen einer sicheren Organisation ihres Unternehmens auch IT-Risiken von diesem abzuwenden. Diese umfassen fehlerhafte Informationen ebenso wie falsches Verhalten von beteiligten Personen. Insbesondere elektronische Kommunikation und personenbezogene Daten sind vor Verfälschung und unbefugtem Zugriff zu schützen. Bei der Ausgestaltung der IT-Maßnahmen sind allerdings sowohl verfassungsrechtliche als auch datenschutzbezogene Grenzen zu beachten. Diese können der bestmöglichen IT-Sicherheit entgegenstehen, weil eben nicht alles, was gesammelt und verwertet werden kann, auch verarbeitet werden darf.[244] Allgemein bestehen teilweise Gegensätze in der Ausrichtung von Compliance- und Datenschutzzielen. Während die Absicherung gegen mögliche Verstöße darauf baut, die Mitarbeiter möglichst zu kontrollieren, ist diese Kontrolle begrenzt durch den Datenschutz.[245]

Werden im Zusammenhang mit Compliance-Maßnahmen Regelwerke wie beispielsweise ein Code of Conduct aufgesetzt, so ist darin auch Datenschutz zu thematisieren, sodass jeder Mitarbeiter zum Schutz personenbezogener Daten der Mitarbeiter und Geschäftspartner verpflichtet wird.[246] Bei der Umsetzung einer IT-Richtlinie, die beispielsweise bei der Umsetzung des COBIT-Frameworks notwendig wird, können Datenschutzziele berücksichtigt werden, indem unter den Prinzipien der Datenvermeidung Schutzniveaus festgelegt werden, die zusätzlich als Qualitätsmerkmal das Vertrauen von Geschäftspartnern stärken.

---

[242] Vgl. Schrey 2013, S. 209-210, 463-464.
[243] Vgl. Moosmayer 2012, 84-85, 96.
[244] Vgl. Schmidl 2010, S. 710-713.
[245] Vgl. Rudkowski und Schreiber 2015, S. 2-3.
[246] Vgl. Depré 2011, S. 196, 199.

4 Compliance-Antworten auf die Herausforderungen der DSGVO

4.1 Verortung von Datenschutzthemen im Compliance-System

4.1.1 Konsequenzen der rechtlichen Herausforderungen für Compliance

Die Verortung von datenschutzrelevanten Problematiken, die sich aus der Anwendung der DSGVO ergeben, wird in diesem Abschnitt betrachtet. Dabei wird in den einzelnen Unterpunkten jeweils darauf eingegangen, was in einer Compliance-Abteilung bzw. von einem Compliance-Officer zu erwarten ist und wo Schnittstellen auch bei einer geplanten Einführung genutzt werden können.

Aus dem bisher in Kapitel 2 dargelegten Umfang der Änderungen und Herausforderungen, die sich aus der DSGVO ergeben, wird deutlich, dass ein Datenschutz-Beauftragter allein nicht allen Anforderungen gewachsen sein wird. Daher erscheint es naheliegend, das System im Unternehmen, das sich mit Risiko und der Einhaltung von Gesetzen befasst, mit in die Lösung der Herausforderungen einzubeziehen.

In Kapitel 2.5 wurden unterschiedliche rechtliche und wirtschaftliche Herausforderungen der DSGVO beschrieben, die im Folgenden in den Compliance-Kontext eingeordnet werden sollen. Dabei ist – wie schon in Kapitel 2.5 – an manchen Stellen eine trennscharfe Abgrenzung nicht möglich. Insofern erscheinen Themenbereiche wie die Meldepflicht von Verstößen oder auch die Vorgehensweise des Compliance-Officers an beiden Stellen mit ihren jeweiligen Auswirkungen.

Wird in einem Unternehmen ein Datenschutzbeauftragter nach Art. 37 DSGVO bestellt, so liegen dessen Zuständigkeiten nach Art. 39 bei allen Fragen, die sich mit dem Schutz der personenbezogenen Daten beschäftigen. Konkret ist das sowohl die Unterrichtung derjenigen, die eine Verarbeitung durchführen, über ihre Pflichten nach den relevanten Vorschriften als auch die Überwachung ihrer Einhaltung. Zudem ist er beratend tätig und die Anlaufstelle für Aufsichtsbehörden, mit denen er zusammenarbeiten soll. Gem. Art. 38 Abs. 3 DSGVO ist der Datenschutzbeauftragte in der Wahrnehmung seiner Aufgaben weisungsfrei. Allerdings ist er nach Art. 38 Abs. 5 DSGVO zu Vertraulichkeit verpflichtet.

Die Aufgabe eines Compliance-Officers ist ebenfalls die Kontrolle der Einhaltung rechtlicher Vorgaben. Insofern fallen Verstöße gegen das Datenschutzrecht auch in seinen Zuständigkeitsbereich. Das würde nahelegen, die beiden Funktionen zu verbinden und von einer Person durchführen zu lassen. So ist in Kap. 3.4.1 bereits beschrieben, dass Compliance-Aufgaben mitunter beim Datenschutzbeauftragten angesiedelt werden. In Unternehmen, die die Einführung eines Compliance-Officers planen und durchgeführt haben, ohne eine ganze Abteilung einzurichten, kann die Zusammenlegung sinnvoll sein, um Doppelarbeit zu vermeiden.

Dagegen spricht jedoch, dass die beiden Funktionen unterschiedlich ausgerichtet sind: Während die Kernaufgabe des Datenschutzbeauftragten zumindest in der Interpretation des BDSG darin besteht, dass dieser zur Einhaltung der Regelungen motivieren soll, ist der Compliance-Zuständige mit der Sanktionierung der Verstöße betraut.[247] Um weiterhin mindestens eine vertrauenswürdige Anlaufstelle für Mitarbeiter zu bieten, die sich dem Zuständigen anvertrauen wollen, ist es bei einer ausreichenden Personaldecke ratsam, zwei verschiedene Personen mit den jeweiligen Funktionen zu betrauen, diese allerdings in derselben Abteilung oder anderen, nahen Strukturen anzusiedeln. So sind sie vor Überlastung bewahrt und haben jeweils Ansprechpartner, die sich in der Sache auskennen und sich gegenseitig beratend und informierend unterstützen können, soweit ihre Verschwiegenheitsverpflichtung dies zulässt.

Der Schutz des Datenschutzbeauftragten vor Benachteiligungen ist im § 4 f. Abs. 3 BDSG allgemein und seit der Novelle 2009 explizit in Bezug auf einen Schutz vor ordentlicher Kündigung geregelt. Ein aktuelles Urteil bestätigt außerdem auch den Schutz des stellvertretenden Datenschutzbeauftragten.[248] Auch wenn Art. 38 DSGVO keinen solchen Kündigungsschutz vorsieht, ist zu erwarten, dass das BDSG-neu ihn im Zuge der Öffnungsklausel wieder etablieren wird. Im Gegensatz dazu ist ein Compliance-Officer gesetzlich weitgehend ungeschützt. Insofern kann bei der Durchführung der Tätigkeiten eine Rolle spielen, welche Konsequenzen Mitarbeiter, die diese Funktionen übernehmen, zu befürchten haben. Im besten Fall würde ein Unternehmen in den jeweiligen Arbeitsverträgen festlegen, dass eine ordentliche Kündigung ausgeschlossen wird. Dies sollte auch für den Datenschutzbeauftragten über die Dauer der Ausübung dieser Funktion hinausgehen, um zu verhindern, dass zeitverzögerte Maßnahmen zu Benachteiligung führen.

Auch sollen Verantwortliche, die als sog. Whistleblower Straftaten an Behörden melden, dies als ihr berechtigtes Interesse ansehen, solange sie nicht gegen bestimmte Geheimhaltungsgrundsätze verstoßen (Erwägungsgrund 50, Satz 9 und 10 zur DSGVO). Das bedeutet, dass sie in solchen Fällen befugt sind, personenbezogene Daten weiterzugeben, was nicht als Verstoß geahndet werden soll. In Bereichen, die nicht strafrechtlich relevant sind, und für Mitarbeiter, die Verstöße melden, ohne

---

[247] Vgl. Dr. Datenschutz 2015.
[248] Arbeitsgericht Hamburg, Urteil vom 21.07.2016, S. 292.

Verantwortliche zu sein, sieht die DSGVO allerdings keinen gesonderten Schutz vor. Um dazu zu motivieren, dass Datenschutzverstöße ebenso wie andere Compliance-Verstöße gemeldet werden, sollte eine Aufklärung darüber erfolgen, dass auch diese an die Compliance-Verantwortlichen anonym, am besten über eine Whistleblowing-Hotline, gemeldet werden können und sollen. Sollte kein umfangreiches CMS mit entsprechender Hotline implementiert sein, dann ist es umso wichtiger, dass Wege zur anonymen Meldung bestehen, sodass Vorfälle in den Kenntnisbereich des Datenschutzbeauftragten bzw. Compliance-Officers kommen.

In Kapitel 2.4.5 wurde beschrieben, dass auch der Beschäftigtendatenschutz unter anderem in § 32 BDSG geregelt ist. Auch dieser Paragraph wird nach der Umsetzung der DSGVO aller Voraussicht nach weiter bestehen bleiben. Allerdings müssen nach Art. 88 DSGVO bereits getroffene Betriebsvereinbarungen in Bezug auf die Verarbeitung personenbezogener Daten dahingehend überprüft werden, ob sie den grundsätzlichen Ansprüchen an die Wahrung der Menschenwürde, der berechtigten Interessen und der Grundrechte genügen. Wesentlich ist deren Formulierung mit Bezug auf das Gesetz, die sich bislang in vielen Fällen direkt auf §§ 9 bzw. 32 BDSG bezog.[249] Hier sind Veränderungen vorzunehmen, so dass durch die Betriebsvereinbarung die Einwilligung der Beschäftigten zum Umgang mit personenbezogenen Daten im Sinne der DSGVO eingeholt wird.[250] Dazu sollte ein in das Compliance-System integrierter Datenschutzbeauftragter mit der Unterstützung der Compliance-Abteilung sämtliche Betriebsvereinbarungen auf ihren Bezug zum Datenschutz hin überprüfen und ggf. Vorschläge zu deren Veränderung machen, um ihre Gültigkeit nach Mai 2018 sicherzustellen. Im Falle, dass keine Compliance-Abteilung vorhanden ist und der Compliance-Officer auch der Datenschutzbeauftragte ist, empfiehlt sich die Einbindung einer externen Beratungsgesellschaft, um die fehlenden Ressourcen auszugleichen.

Im Zusammenhang mit der Datenschutz-Folgenabschätzung hat sich aus Kapitel 2.5.1 als rechtliche Herausforderung ergeben, dass die Beurteilung, ob ein hohes Risiko vorliegt, besonders beim Einsatz neuer Technologien, dem Verantwortlichen überlassen wird. Eine Problematik liegt im Begriff „neue Technologien", der auch im Erwägungsgrund 26 zum Pseudonymisieren und Art. 17 DSGVO, Recht auf Vergessenwerden, verwendet wird. Seine Herleitung kann über „Technologie als Wissenschaft von der Technik"[251] erfolgen. Bausewein und Steinhaus weisen darauf hin, dass der

---

[249] Vgl. Schneider 2017, S. 106, 121.
[250] Vgl. Pötters et al. 2017, S. 762, 766-767.
[251] Schmitz und Dall'Armi 2017, S. 58.

Begriff weit ausgelegt werden muss, weil der Originaltext auf Englisch verfasst ist und damit die englische Bedeutung von *technologies* relevant ist. Dieser umfasst weit mehr Bedeutungen als der deutsche, beispielsweise auch technische Verfahren, Programme, Systeme und Werkzeuge.[252] Schmitz und Dall'Armi stellen ihn in den Zusammenhang mit Produkten und Dienstleistungen aus den Bereichen Autonomik, Big Data, Cloud Computing, Internet of Things, also immer da, wo sich „intelligente Instrumente und Werkzeuge über das Internet verbinden, Situationen erkennen [...] und mit dem Nutzer kommunizieren."[253] Insofern ist die Datenschutz-Folgenabschätzung als Teil von Privacy by Design zu sehen, weil bereits bei der Entwicklung von neuen Produkten und Dienstleistungen zukünftig darauf geachtet werden sollte, dass diese kein hohes Risiko für die Betroffenen darstellen, was durch die Folgenabschätzung festgestellt und dokumentiert werden kann.

Ein weiterer unklarer Begriff besteht im hohen Risiko. Bei der Bewertung des Risikos muss berücksichtigt werden, was unabhängig von der Art oder Menge der Daten für Informationen über den Betroffenen gewonnen werden können. Dabei soll abweichend vom sonst üblichen Herangehen zunächst unabhängig von der Eintrittswahrscheinlichkeit beurteilt werden, ob eine der in Erwägungsgrund 75 aufgelisteten Gefahren besteht. Wenn das der Fall ist, wird nach Erwägungsgrund 76 anhand von Art, Umfang, Umständen und Zweck der Datenverarbeitung beurteilt, ob das erkannte Risiko hoch ist. Dabei spielen dann die Eintrittswahrscheinlichkeit, die Kontrollmöglichkeit sowie Minimierungsmaßnahmen eine Rolle. Schon die Formulierung des Art. 35 DSGVO belegt den Schwerpunkt der Risikobewertung und -bewältigung, die Gegenstand des Risikomanagements und damit Teil des GRC (s. Kap. 3.2) sind, zu dem auch Compliance gehört. Da in einer eingerichteten Risikoabteilung bereits die notwendigen Kompetenzen vorhanden sind, um eine solche Bewertung durchzuführen, sollte auch die Datenschutzfolgenabschätzung dort verortet werden. Dabei ist von zentraler Bedeutung, dass ein ggf. vorhandener Datenschutzbeauftragter als Ratgeber eingebunden wird, der sich mit der Compliance-Abteilung darüber austauscht. In Unternehmen ohne Risikoabteilung ist die Bewertung im Rahmen der Folgenabschätzung Sache des Datenschutzbeauftragten, der sich dazu mit dem Compliance-Officer bzw. der Compliance-Abteilung abspricht.

Allerdings muss berücksichtigt werden, dass Risikomanagement potenzielle Gefahren gemeinhin im Sinne des Unternehmens bewerten soll, wohingegen die Risikoanalyse der Folgenabschätzung den Betroffenen in den Mittelpunkt stellt. Es ist also darauf

---

[252] Vgl. Bausewein und Steinhaus 2017, S. 531-532.
[253] Schmitz und Dall'Armi 2017, S. 58.

hinzuwirken, dass die verantwortlichen Personen in einer Risikoabteilung sich über den Unterschied im Klaren sind, was durch Schulungen für eine höhere Sensibilisierung erreicht werden kann. Außerdem muss an alle Stellen, die potenziell riskante Verarbeitungen durchführen und bei denen neue Verfahren zur Anwendung kommen sollen, kommuniziert werden, dass diese vor ihrer Einführung einer Risikoanalyse unterzogen werden müssen. Wie Schmitz und von Dall'Armi ausführen, führt Profiling (Art. 4 Nr. 4 DSGVO) nur dann zu einer Folgenabschätzung, wenn aus den rechtmäßig gewonnenen Daten, aus denen Profile erstellt wurden, auch eine automatisierte Verarbeitung erfolgt.[254] Wenn dies der Fall ist, ist die Folgenabschätzung zwingend, was sie auch in einen Zusammenhang mit Tracking-Maßnahmen stellt: Dabei muss grundsätzlich das berechtigte Interesse, etwa aus wirtschaftlichen Gesichtspunkten des Unternehmens, mit den Interessen der Nutzer und dem, was diese erwarten können, abgeglichen werden. Aktuell gilt als erwartbar, dass zumindest teilanonymisiert getrackt wird, nicht erwarten müssen Kunden jedoch ein Tracking über verschiedene Medien und Geräte hinweg. Auf der sicheren Seite sind Unternehmen dann, wenn sie für Tracking-Maßnahmen die Einwilligung etwa in Kombination mit einem Banner für Cookies einholen.[255]

Da in der DSGVO verschiedene Wege der Einwilligung vorgesehen sind, muss eine verantwortliche Stelle geschaffen werden, die die jeweilige Umsetzung beispielsweise in Online-Tools dahingehend überprüft, ob eine aktive und freiwillige Einwilligung einzeln für jeden Verarbeitungszweck eingeholt wird, an keiner Stelle von stillschweigendem Einverständnis ausgegangen wird und die Form und Sprache verständlich sind. Da in der Regel, wenn überhaupt, nur eine Person die Aufgaben des Datenschutzbeauftragten übernehmen wird, sollte die Prüfung der Einwilligungsformulierungen delegiert werden. Denkbar ist, einen Ansprechpartner in der Compliance Abteilung einzurichten oder den Compliance-Officer dafür einzubinden, der mit der nötigen Kompetenz den Prozessownern zum Beispiel für die Online-Auftritte, Newsletter, Verkaufswege oder andere Möglichkeiten, Daten zu sammeln, Hinweise auf die Umsetzung geben kann. Für bereits in der Vergangenheit eingeholte Einwilligungen hat der Düsseldorfer Kreis die Sachlage so eingeschätzt, dass diese wirksam bleiben, wenn sie nach geltendem Recht – § 4 Abs. 1 BDSG – eingeholt wurden.[256] Demnach besteht kein Handlungsbedarf an dieser Stelle.

---

[254] Vgl. Schmitz und Dall'Armi 2017, S. 60.
[255] Vgl. Schirmbacher.
[256] Vgl. Düsseldorfer Kreis 2016.

In Kapitel 2.5.1 wurde auch die Meldepflicht als rechtliche Herausforderung beschrieben. Unter anderem die neue Anforderung, dass Datenpannen je nach Risikograd unverzüglich (hohes Risiko) bzw. innerhalb von 72 Stunden (Risiko vorhanden, aber nicht hoch) gemeldet werden müssen, stellt Unternehmen vor große Herausforderungen hinsichtlich der prozessualen Umsetzung von Meldeketten.[257] Es stellen sich die Fragen danach, wer bei Verstößen wie alarmiert wird und weiterhin für die Meldung zuständig ist und wer das kontrolliert, ebenso wie die, was genau eigentlich meldepflichtig ist.

Die hohen Anforderungen an die notwendige Folgenabschätzung, die Einwilligung sowie die Meldung von Datenschutzverstößen setzen etablierte Prozesse voraus, in denen vor allem der Zeitverlust zwischen Erkennen, Beurteilen und Melden von Gefahren möglichst gering ist. Dazu sollte zunächst die IT-Sicherheit so ausgestaltet sein, dass unbefugte Zugriffe erkannt und automatisch an eine Gruppe von Verantwortlichen gemeldet werden. Im Falle von Fehlverhalten von Mitarbeitern oder Auftragsdatenverarbeitern muss schnellstmöglich nach Bekanntwerden eine Beurteilung erfolgen, ob eine Gefahr für die Betroffenen besteht. Da diese dem Unternehmen obliegt, sollte dafür ein Gremium besonders geschulter Mitarbeiter aus verschiedenen Abteilungen verantwortlich sein, die konkrete Richtlinien dazu erhalten, wie diese Beurteilung durchgeführt werden soll. Wer diese Gruppe leitet, richtet sich nach der Art des Datenlecks. So sollen beispielsweise bei Fehlern von Mitarbeitern verstärkt die Personal- und ggf. Compliance-Abteilung verantwortlich sein, während die Leitung bei Angriffen von außen bei der IT-Abteilung liegt. Der Datenschutzbeauftragte soll in jedem Fall Teil des Gremiums sein. Im Falle von meldepflichtigen Verstößen gibt er die Information an die zuständige Aufsichtsbehörde weiter. Die Koordination der Gruppe sowie das Aufstellen der Richtlinien auf der Grundlage von Erwägungsgrund 75 ist der Compliance-Abteilung bzw. dem Compliance-Officer zuzuordnen, die auch für Rückfragen zur Verfügung stehen müssen. In diesem Zusammenhang kann auch die Dokumentation von Vorfällen einem Mitglied des Gremiums zugewiesen werden. Wenn in einem Unternehmen kein Datenschutzbeauftragter ernannt wurde, übernimmt der Compliance-Officer dessen Aufgaben.

Falls eine Datenpanne zu bearbeiten ist, sollte neben dem Gremium, das die Meldung, Aufarbeitung und Dokumentation bearbeitet, eine weitere Gruppe von Personen im Rahmen eines Continuity-Managements daran arbeiten, die laufenden Geschäftsprozesse schnellstmöglich wieder bereitzustellen. Zwar gibt es inhaltliche Überschneidun-

---

[257] Vgl. Hörmannsdorfer 2017, S. 10.

gen dieser Themenkreise, allerdings sollten speziell der Datenschutzbeauftragte und der Compliance-Officer nicht für die operative Lösung zuständig sein, um den rechtlichen Herausforderungen, die in ihren Kompetenzbereich fallen, zügig begegnen zu können.

Eine umfassende Dokumentation nicht nur der erhobenen Daten, die auch für den Nachweis der Einwilligung gespeichert werden müssen, oder von Datenschutzpannen, sondern auch im Zuge der Informationspflicht sollte über systematische Datenbanken und Verzeichnisse erfolgen. So genannte „Dark Data",[258] also fragmentierte, auf verschiedene Speichermedien verteilte Informationen, sollten eingesehen und geordnet werden, um an dieser Stelle Verstöße gegen die DSGVO auszuschließen. Außerdem kann eine automatisierte Klassifizierung helfen, auf unterschiedliche Kanäle wie E-Mails, Dateiordner oder andere Kommunikationswege verteilte Daten zu ordnen und in Hinblick auf Einwilligung, Verwendbarkeit, Risikopotenzial oder andere Kriterien hin beurteilen zu können. Das unterstützt auch die Data Governance, die sicherstellen soll, dass derart unstrukturiert vorhandene Datenbestände nur von den jeweils notwendigen Beteiligten eingesehen werden können. Um allen rechtlichen Anforderungen wie beispielsweise der verschärften Informationspflicht nachkommen zu können, erscheint es sinnvoll, die Dokumentation im Rahmen des ohnehin geforderten Verzeichnisses der Verarbeitungstätigkeiten (s. z. B. Kap. 2.5.2) zu implementieren, wie es im folgenden Abschnitt beschrieben wird. Nachdem alle Prozesse umgesetzt sind, kann deren Zertifizierung (s. Kap. 4.2.1) außerdem dazu beitragen, dass Unternehmen ihre Bringschuld der Accountability erfüllen.[259]

Solange es allerdings noch keine Klärung dazu gibt, was genau im BDSG-neu sowie der neuen ePrivacy-Verordnung geregelt werden wird, sollte ein Angehöriger der Compliance-Abteilung damit betraut werden, Veränderungen und neue Entwürfe im Blick zu haben und bei wahrscheinlich werdenden Verschärfungen zu prüfen, ob die vorhandenen Prozesse ihnen genügen können.

4.1.2 Konsequenzen der wirtschaftlichen Herausforderungen der Compliance

In Anbetracht der Tatsache, dass die Bußgelder, die in der DSGVO vorgesehen sind, sehr hoch ausfallen (s. Kap. 2.2.2, 2.5.2), muss es im Rahmen der Aufarbeitung von Compliance-Fällen zu härteren Sanktionierungen kommen, wenn sich ein Verdacht bestätigt. Bislang ist aufgrund der kleineren Bußgeldbeträge nach BDSG der finanzielle

---

[258] Hörmannsdorfer 2017, S. 10.
[259] Vgl. Sachs 2017, S. 63.

Schaden gering. Verstöße konnten bislang in Hinblick auf den entstandenen Schaden großzügig bewertet werden, zumal nach § 42a BDSG auch nur solche gemeldet werden müssen, die bestimmte Arten von personenbezogenen Daten beinhalten, wie zum Beispiel Daten, die dem Berufsgeheimnis unterliegen, oder Bank- und Kreditinformationen. Dagegen ist nach Art. 33 DSGVO bei einer Datenpanne nicht die Art der Daten relevant, sondern ob die Rechte und Freiheiten der Betroffenen durch die Verletzung in Gefahr sind. Dann muss die Verletzung sowohl an den Betroffenen als auch an die Aufsichtsbehörde gemeldet werden (s. Kap. 2.2.2, 4.1.1).

Daraus folgt, dass zukünftig Datenschutzverletzungen transparenter für Externe werden und weniger gut im eigenen Haus gelöst werden können. Das macht Unternehmen neben den direkten Konsequenzen aus der anfallenden Bußgeldzahlung noch anfälliger für Reputationsschäden, da im Falle von Prozessen nach außen verdeutlicht werden muss, dass intern hart gegen Verstöße vorgegangen wird. Aus der zwangsweise gesteigerten Transparenz ergeben sich aber auch Chancen für Unternehmen; so kann im Zuge von neuen Werten innerhalb der Corporate Governance Vertrauen dadurch geschaffen werden, dass die Öffentlichkeit schnell und umfassend über Datenpannen informiert wird. Dazu sollte die Public-Relations-Abteilung von Unternehmen mit der zuständigen Compliance-Stelle im Austausch stehen. Der Datenschutzbeauftragte hat zu prüfen, welche Daten und Vorfälle tatsächlich an andere weitergegeben werden dürfen.

Von besonderer Relevanz im Zusammenhang mit Compliance bleibt die Problematik, dass Daten zur Sachverhaltsaufklärung ggf. dem Beweisverwertungsverbot unterliegen, sofern sie auf unzulässige Art und Weise gesammelt wurden.[260] Unternehmen haben bislang bei einem Verdacht auf Compliance-Verstöße abgewogen, ob sie die Verletzung des Schutzes personenbezogener Daten ihrer Beschäftigten in Kauf nehmen, um den Sachverhalt aufzuklären. Nach Inkrafttreten der DSGVO ist mit steigenden Bußgeldern ein wirtschaftlicher Faktor in die Abwägung gekommen, der für bessere Einhaltung des Beschäftigtenschutzes sorgen kann.

Bereits in der Bewältigung der rechtlichen Herausforderungen wird deutlich, dass komplexe Strukturen für die Absicherung der neuen Anforderungen notwendig werden (s. Kap. 4.1.1). Weiterhin sind diese Strukturen auch in Fällen, in denen die Rechtslage klar ist, zu implementieren, um den ressourcentechnischen Aufwand möglichst überschaubar zu halten. Beispielsweise ist im Zusammenhang mit dem Recht auf Vergessenwerden erforderlich, dass beim Wunsch der Betroffenen nach Löschung

---

[260] Vgl. Görling 2013, S. 462.

auch die anderen Verantwortlichen informiert werden, die diese Daten erhalten haben. Wenn auch unter Berücksichtigung des angemessenen Aufwands: Es muss nach einem Öffentlichmachen dafür Sorge getragen werden, dass zu löschende Daten bzw. Verlinkungen auf diese möglichst nicht mehr zugänglich sind. Das impliziert einerseits, dass eine Stelle dafür zuständig sein muss, angelegte Weitergaben und Verlinkungen zu eliminieren, andererseits setzt es voraus, dass dokumentiert ist, wann die Daten an wen weitergegeben wurden und wer sie öffentlich gemacht bzw. selbst gespeichert haben könnte. Zwar ist das Recht auf Löschung nicht so gemeint, dass vom Unternehmen sämtliche Spuren ausnahmslos zu tilgen sind, aber es ist doch zuzumuten, dass beispielsweise eigene Recherchen nach Verlinkungen im Internet angestellt werden. Um den Aufwand zu verringern, sollten bereits im Verarbeitungsverzeichnis die Verarbeitungsprozesse so beschrieben werden, dass die Weitergabe der Daten nachvollziehbar ist. Die Löschung in den eigenen Beständen kann zudem Teil des Löschkonzepts sein, das im Rahmen der Datenminimierung ohnehin implementiert werden sollte.

Aus den Anforderungen ergibt sich der Ansatz, ein DSMS (s. Kap. 2.2.2) einzurichten und es mit den bestehenden Systemen zum Management und der Kontrolle, u. a. von Risikovorgängen, zu verbinden.[261] Sofern bereits ein CMS vorhanden ist, sollte das DSMS darin integriert werden. Auf den Ebenen der Unternehmenswerte und Detail-Regelungen (s. Kap. 3.4.2) können Grundprinzipien des Datenschutzes wie Datenminimierung oder Privacy by Design and Default in das Unternehmensleitbild, den Code of Conduct sowie die Unternehmensrichtlinien aufgenommen werden. Bezüglich der Organisation und personellen Verantwortung wurde bereits ausgeführt, dass Datenschutz eng mit Compliance verbunden ist und die Zuständigkeiten überlappend angelegt werden sollten. Um eine lückenlose Dokumentation zu gewährleisten, können in allen Geschäftsprozessen Kontrollpunkte angelegt werden, an denen die Einhaltung von Datenschutzvorschriften geprüft werden kann. Die Ausgestaltung von Instrumenten, Kommunikation und Review sind Gegenstand von Kapitel 4.2, in dem auch Compliance-Audits beschrieben werden.

In dem Fall, dass bislang kein CMS existiert, aber eines eingerichtet werden soll, kann die Integration eines DSMS besonders im Rahmen des IDW PS 980 erfolgen und später zertifiziert werden. Hier kommt u. a. die in Kapitel 2.5.2 vorgeschlagene GAP-Analyse zum Tragen, die vom zuständigen Projekt-Team durchgeführt und in Zusam-

---

[261] Vgl. Gola et al. 2017, S. 56.

menarbeit mit dem Datenschutzbeauftragten ausgewertet werden sollte, um den Handlungsbedarf in Bezug auf Datenschutzthemen zu erheben.

Schneider schlägt für die Einrichtung eines DSMS vor, einen Aktivitäten- und Fristenplan zu erstellen, der rückwärts vom Zeitpunkt der verbindlichen Gültigkeit der DSGVO im Mai 2018 aufschlüsselt, was in welcher Reihenfolge zu welchem Zweck erhoben, abgearbeitet und umgesetzt sein muss, um die Verordnung zu erfüllen. Am Anfang dieser Überlegungen steht das zu errichtende Verfahrensverzeichnis, das sich im besten Fall bereits auf die zukünftig eingesetzten Verfahren bezieht. Es wurde in Kapitel 2.5.2 bereits festgestellt, dass dieses Verzeichnis mit einem erheblichen Aufwand verbunden sein wird. In Hinblick auf die Compliance besteht die Besonderheit, dass innerhalb der Abteilung ablaufende Prozesse ebenfalls ins Verfahrensverzeichnis aufgenommen werden müssen, sofern sie personenbezogene Daten enthalten. Diese können von der zuständigen Stelle erfasst und beschrieben werden, was unter Umständen bei umfangreichen Compliance-Aktivitäten viele Ressourcen bindet. Die Verfahrensbeschreibungen sollten dann vom Datenschutzbeauftragten dahingehend kontrolliert werden, ob sie tatsächlich den Anforderungen der DSGVO gerecht werden. Falls das nicht der Fall ist, müssen neue Tools oder nichtautomatisierte Prozesse implementiert werden, die ggf. für die Abteilung verfasst werden müssen. In der Folge müssen alle Prozesse im gesamten Unternehmen auf dieselbe Weise evaluiert und unter Umständen angepasst werden.

Weiterführende Entscheidungen betreffen die im Rahmen der Corporate Governance zu treffende Make-or-buy-decision (s. Kap. 3.2). Diese betrifft den Datenschutz insofern, als dass bei Auslagerung der Verarbeitung personenbezogener Daten an Dienstleister, die damit zum Auftragsverarbeiter werden, nach DSGVO Haftungsfragen neu geregelt sind (s. Kap. 2.4.4). So kann im Falle von Verstößen des Auftragsverarbeiters gegen seine Pflichten und die Weisungen des Verantwortlichen eine alleinige Haftung beim Verarbeiter liegen. Nur wenn beide für den Schaden verantwortlich sind, greift eine Solidarhaftung.[262] Das mindert das wirtschaftliche sowie das Reputationsrisiko, da durch eine sachgemäße Auswahl der Auftragsverarbeiter und korrekte Anweisungen zukünftige Sanktionen abgewendet werden können.

Dem Kunden gegenüber kann vertrauenswürdig aufgetreten werden, indem Privacy by Design bzw. Default beachtet und offensiv angewendet wird. Der Datenschutzbeauftragte sollte in die Produktplanung einbezogen werden, sofern die Produkte personenbezogene Daten betreffen, und bei einem Verdacht auf mögliche

---

[262] Vgl. Bogendorfer 2016, S. 179.

Datenschutzverletzungen mit der Compliance-Abteilung bzw. dem Compliance-Beauftragten Rücksprache halten. So können auch spätere Schadensersatzansprüche vermieden werden.

Um die Ressourcen des Datenschutzbeauftragten zu schonen, können interne Schulungsmaßnahmen dazu beitragen, dass Mitarbeiter für Datenschutzthemen sensibilisiert sind. In fast jedem Unternehmen, das sich bereits mit Compliance auseinandergesetzt hat, werden auch Compliance-Grundlagen geschult. Die Tatsache, dass die Bußgelder bei Datenschutzverletzungen in der Vergangenheit gering waren, spiegelte sich insofern in den Inhalten dieser Schulungen wider, als dass der Umfang der Ausführungen zum Datenschutz überschaubar war. In der Zukunft sollten Schulungsunterlagen genutzt werden, in denen das Thema Datenschutz umfangreicher behandelt wird. Dabei soll allen Mitarbeitern vermittelt werden, welche Ansprechstellen bestehen und wo Informationsmaterial eingesehen werden kann. Darüber hinaus sollten erweiterte Schulungen – nach Abteilungen und Hierarchiestufen differenziert – durchgeführt werden. Das beruht auf der Erkenntnis, dass an unterschiedlichen Stellen unterschiedliche Teile der DSGVO stärker wirksam werden als an anderen; so muss beispielsweise ein Mitarbeiter in der Produktentwicklung besonders über Privacy by Design besser informiert sein als ein Mitarbeiter in der Personalabteilung, der dafür den Beschäftigtendatenschutz und die Definition besonderer Kategorien personenbezogener Daten in der Tiefe kennen sollte. Welche Bereiche mit welchen potenziell problematischen Teilen der DSGVO konfrontiert werden, kann die Compliance-Abteilung beurteilen, da sie anhand von Verstößen in der Vergangenheit ein Bild davon hat. Eine abteilungsspezifische Schulung hat zudem den Vorteil, finanzielle Ressourcen zu berücksichtigen, weil der wirtschaftliche Gesamtaufwand damit geringer wird.

4.2 Lösungsansätze

4.2.1 Verhaltensregeln und Zertifizierung

Ähnlich wie im Compliance-Bereich können datenschutzrelevante Abläufe in Unternehmen zertifiziert oder nach den Vorgaben beispielsweise von Verbänden eingerichtet werden. Die DSGVO sieht vor, dass solche Prozessregelungen sowohl dem Nachweis der Anforderungserfüllung dienen als auch bei der Höhe der Bußgelder berücksichtigt werden sollen (s. Kap. 2.5.2). Da bislang noch keine DSGVO-bezogenen Zertifikate entwickelt wurden, soll im Folgenden beschrieben werden, welche Überschneidungen und Ergänzungen bei der Zertifizierung im Rahmen eines CMS auch für den Datenschutz wirksam werden können. Unter Umständen kann auch eine bereits existierende Zertifizierung so angepasst werden, dass sie der DSGVO genügt, ohne den finanziellen Aufwand einer Neuzertifizierung zu verursachen.

Der in Kapitel 3.4.2 beschriebene IDW PS 980 kann für gesamte Unternehmen, aber auch nur für Teilbereiche angewendet werden.[263] Es könnte beispielsweise konkret als Datenschutz-bezogenes Compliance-Management-System umgesetzt werden, indem seine sieben Teilbereiche nur darauf bezogen werden:[264]

1. Im Rahmen der Datenschutz-Kultur können entsprechende Formulierungen in den Instrumenten der Corporate Governance aufgenommen werden.
2. Datenschutzziele sind in Übereinstimmung mit der Gesetzeslage zu formulieren. Anregungen dazu, was genau darin zu verankern ist, geben die im folgenden Abschnitt 4.2.2 ausgeführten IT-Compliance-Systeme.
3. Zur Eingrenzung der Datenschutz-Risiken gehört beispielsweise eine risikobasierte Auditplanung, wie sie Gegenstand von Kapitel 4.2.3 werden wird.
4. Das Datenschutz-Programm muss sich mit Schulungen und BCR befassen, die den Anforderungen der DSGVO entsprechend zu gestalten sind.
5. Die zentrale und dezentrale Datenschutz-Organisation muss in den Prozesshandbüchern, die dem Verarbeitungsverzeichnis entsprechen sollten, und dem Prozessmanagement implementiert werden.
6. Datenschutzkommunikation umfasst alle Informationstools wie Richtlinien, Datenschutzanforderungen und Transparenzberichte. So kann in den Richtlinien verankert werden, dass ein beobachteter Verstoß über die Whistleblowing-Hotline gemeldet werden muss.
7. Zuletzt kann die Datenschutz-Kontrolle durch Datenschutzaudits, das Verfahrensverzeichnis und Kennzahlen erfolgen.

Diese sieben Bereiche korrespondieren mit den vier in Kapitel 3.4.2 dargestellten Ebenen eines Compliance-Systems. So können Kultur und Ziele auf der Ebene des Kodifizierens angesiedelt werden. Auch die in der DSGVO vorgesehenen Verhaltensregeln, die von Verbänden und anderen Vereinigungen an ihre Mitglieder gegeben werden sollen, um praxisnahe Umsetzungsmöglichkeiten der DSGVO aufzuzeigen, beginnen bereits bei der Einarbeitung von Datenschutz in Corporate-Governance-Dokumente wie den Code of Conduct.

Das Datenschutz-Programm entspricht einem Ausschnitt der Ebene der Implementierung. Hier sollten auch Richtlinien verankert werden, wie mit Auftragsdatenverarbeitern

---

[263] Fissenewert 2015, S. 36.
[264] Ulmer 2016, S. 26.

umgegangen wird bzw. wie die Verträge so gestaltet werden, dass die Haftung möglichst nicht beim Verantwortlichen im Unternehmen verbleibt. So genannte Agency Agreements, bei denen der Auftraggeber für alle weiteren Verträge des Verarbeiters verantwortlich ist, sollten vermieden werden.

Die Kommunikation im Datenschutz-Kontext gehört in Bezug auf Instrumente wie z. B. Broschüren und Kurzfilme im Intranet zur Implementierungsebene. Bezüglich der Berichtswege ist sie wie das Risiko-Management auch auf der Organisationsebene angesiedelt. Hier werden auch die Kontrollmaßnahmen und bei Wortgleichheit die Organisation i. S. d. IDW PS 980 verortet.

Zwar ist der IDW PS 980 als freiwillige Systemprüfung nicht geeignet, um Einzelverstöße aufzuklären.[265] Jedoch kann eine solche Zertifizierung die Grundlage bieten, um ein Datenschutzzertifikat nach DSGVO, wie es in der Zukunft gängig werden wird, mit vermindertem Aufwand zu erhalten.

Auf der internationalen Ebene steht die ISO 19600 zur Verfügung, um CMS zertifizieren zu lassen. Als internationaler Standard ist sie geeignet für die in der DSGVO geforderte Garantie, dass die Abläufe etwa bei Auftragsdatenverarbeitern in ansonsten nicht als vertrauenswürdig eingestuften Drittländern der Grundverordnung entsprechen. So kann sich beispielsweise ein Verantwortlicher von der Haftung befreien, wenn er darauf achtet, Aufträge nur an solche Unternehmen zu vergeben, die entsprechende Zertifizierungen aufweisen.

Zwar ist die ISO 19600 operativ konkreter ausgestaltet als der IDW PS 980, aber wie auch beim diesem reicht die Zertifizierung allein nicht aus, sondern es muss nachgewiesen werden, dass sie sich auch auf Datenschutz und die entsprechenden Aspekte der DSGVO bezieht. So ist Auftragsverarbeitern nahezulegen, ihre Zertifizierung zu aktualisieren bzw. zu erweitern, sowie die sich aus den Artikeln 42 und 43 DSGVO ergebenden Zertifikate erhältlich sind.

Der PDCA-Zyklus (plan, do, check, act), der in Kapitel 3.4.2 für die ISO 19600 beschrieben wurde, lässt sich, wie in Abbildung 9 zu sehen ist, auf Datenschutz und die Datenschutzgrundverordnung beziehen:

---

[265] Vgl. Fissenewert 2015, S. 33.

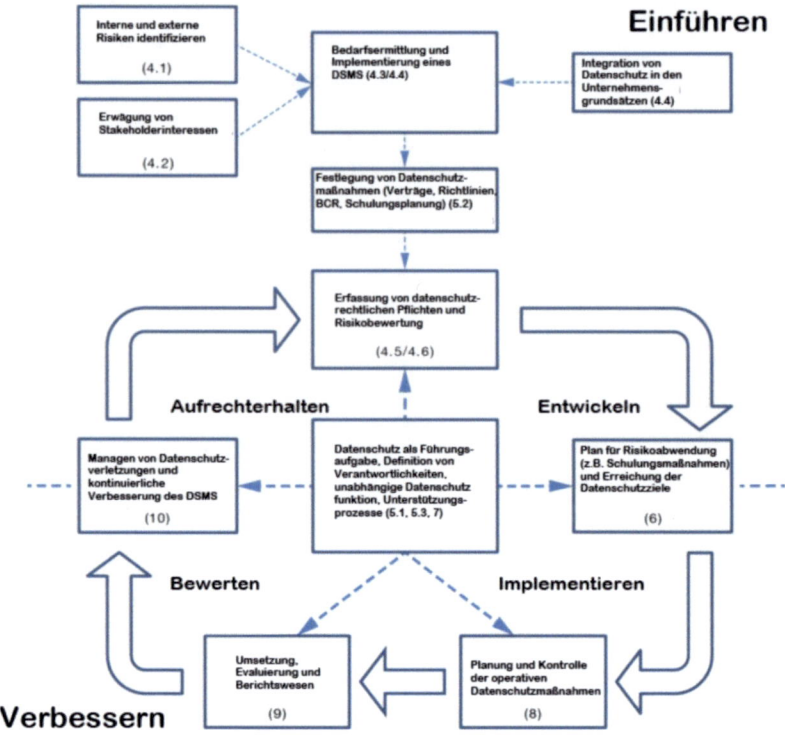

Abbildung 9: Übertragung der Datenschutz-Prozesse auf den COBIT 5.[266]

Abgesehen von IDW PS 980 und ISO 19600 ist eine Zertifizierung besonders von IT-Compliance Systemen auch nach ISO/IEC 20000 denkbar. Diese beruht auf den Vorgaben der ITIL Version 2, die sich insbesondere im Modul Service/Support mit den Prozessen Störungsmanagement, Problemmanagement, Konfigurationsmanagement, Änderungsmanagement und Releasemanagement befassen.[267] In allen Prozessen sind Überschneidungen mit den Anforderungen der DSGVO etwa bei Störungen oder der Anpassung von Privacy by Design and Default zu erkennen. Im folgenden Kapitel sollen die weiteren, in Kapitel 3.4.3 beschriebenen IT-Control-Frameworks auf ihre Eignung hin untersucht werden, die Herausforderungen der DSGVO zu lösen. Dazu wird beschrieben, inwiefern die Frameworks an die DSGVO angepasst werden müssen. Im Gegensatz zu IT-Rahmenwerken, die nachfolgend behandelt werden, kann eine IT-Compliance aber auch nach IDW PS 330 auditiert werden und ist somit

---

[266] Eigene Darstellung auf der Basis von ISO 2014.
[267] Vgl. Johannsen und Goeken 2007, S. 156.

hinsichtlich ihres Aufbaus wie eine grundsätzliche Compliance nach IDW PS 980 zu bewerten.

4.2.2 IT-Compliance nutzen

Aus Kapitel 3.1 hat sich ergeben, dass innerhalb der IT-Compliance unterschiedliche Schwerpunkte gelegt werden können. So wird die Data-Governance, die sich mit den Unternehmensdaten befasst, von der IT-Governance abgegrenzt, die einen organisatorischen Fokus hat. In Bezug auf die im Kapitel 3.4.3 vorgestellten Control-Frameworks für IT-Compliance kann weiter differenziert werden: während COSO als Corporate-Governance-Referenzmodell gilt, wird COBIT konkret als IT-Governance-Framework gesehen. Von den ISO-Standards wird der ISO/IEC 20000 neben ITIL dem Servicemanagement zugeordnet, während die ISO/IEC-27000er-Reihe wie auch der IT-Grundschutzkatalog dem Sicherheitsmanagement zugerechnet werden.[268] Diese Einordnung lässt bereits erkennen, dass die unterschiedlichen Frameworks spezifische Ausrichtungen haben, die sie für unterschiedliche Ebenen der Compliance-Struktur (s. Abbildung 5) und damit unterschiedliche Anforderungen der DSGVO geeignet erscheinen lassen. Im Folgenden sollen daher die IT-Compliance-Modelle den vier Ebenen Kodifizieren, Implementieren, Systematisieren und Organisieren zugeordnet werden. Dazu wird jeweils ausgeführt, inwiefern im Rahmen der Modelle den Herausforderungen der DSGVO begegnet werden kann.

Die Ebene des *Kodifizierens* betrifft die allgemeine Corporate Governance in Unternehmen, die in grundsätzlichen Äußerungen beispielsweise zu Mission oder Vision festgeschrieben wird. Hierzu findet sich in der ersten Komponente des COSO 2013 bereits im ersten Prinzip die Vorgabe, dass eine Verpflichtung zu Integrität und ethischen Werten erfolgen muss. Auch COBIT 5 schreibt im Enabler zu Kultur, Ethik und Verhalten etwa in Prozess EDM01 zum Sicherstellen der Einrichtung und Pflege des Corporate-Governance-Rahmenwerks, APO01 zum Managen des IT-Rahmenwerks oder APO07 zum Managen des Personals Inhalte zu ethischem Handeln vor. Aus dem zweiten COSO-Prinzip geht hervor, dass Management und Steuerungsgremien unabhängig voneinander agieren sollen. Steuerungsgremien sollen das IKS überwachen, in das auch die Kontrolle von datenschutzrelevanten Aspekten auf einer höheren Ebene implementiert wird. In einem Unternehmen, in dem bereits nach COSO 2013 oder COBIT vorgegangen wird, besteht also ein Compliance-Rahmen, in dem Datenschutz auf der Werte-Ebene etwa durch Integration in Corporate-Governance-Vorgaben implementiert werden kann und sollte. Damit können

---

[268] Vgl. Johannsen und Goeken 2007, S. 24-25.

die Grundsätze der DSGVO, dass personenbezogene Daten rechtmäßig, nach Treu und Glauben und nachvollziehbar verarbeitet werden, bereits auf dieser Ebene aufgenommen werden.

Im Zusammenhang mit dem *Implementieren* eines Compliance-Systems sind konkrete Anweisungen und Leitlinien zu erstellen, wie die Werte konkretisiert werden – etwa in einem Code of Conduct oder Agency Agreements, und wie Prozesse ablaufen sollen. Die gesamte Prozessausrichtung des COBIT 5 entspricht bereits dieser Funktion, indem Prozesse festgeschrieben und vereinheitlicht werden. Dies bietet eine gute Grundlage zur Erstellung des von der DSGVO geforderten Verfahrensverzeichnisses, in dem alle Prozesse abgebildet werden sollen, die mit der Verarbeitung von personenbezogenen Daten verbunden sind. Bereits in Kapitel 4.1.2 wurde angerissen, dass Datenschutz im Code of Conduct verortet werden sollte, um ihn im Verständnis der Mitarbeiter zu etablieren und wirtschaftlichen Risiken entgegenzuwirken.

IT ist weiterhin Gegenstand des COSO ERM, der sich schwerpunktmäßig mit der Erfassung von Risiken befasst. Über den COSO 2013 hinaus behandelt er beispielsweise die Identifikation von Ereignissen. In Bezug auf IT-relevante Technologien wird hier eine Kategorisierung dieser Ereignisse in interne Faktoren wie Datenintegrität, -verfügbarkeit oder Wartung und Pflege sowie externe Faktoren wie elektronischer Geschäftsverkehr, externe Daten und neue Technologien vorgeschlagen.[269] Diese Ereignisse können nicht nur als Basis für Weiterbildung und Sensibilisierung verwendet werden, sondern weisen konkret auf Prozesse hin, die im Rahmen der DSGVO relevant sein können. Auch hier bietet sich an, das IT-Framework als Grundlage für das Verfahrensverzeichnis zu verwenden. Außerdem weisen Begriffe wie neue Technologien darauf hin, dass in den zugeordneten Prozessen die Notwendigkeit einer Folgenabschätzung bestehen kann. Insofern ist ein Risikomanagement, das nach COSO ERM ausgerichtet ist, eine gute Ausgangsbasis, um beispielsweise im Rahmen einer GAP-Analyse zu beurteilen, ob bei den Ereignissen schon Prozesse beschrieben sind, die DSGVO-konform sind.

In Kapitel 4.1.1 kam bereits der Gedanke auf, dass ein möglichst anonymes Hinweisgebersystem dazu beitragen kann, über Datenschutzverstöße Kenntnis zu erlangen, sodass sie gemeldet und behoben werden können. Dazu sieht der COBIT 5 ergänzende COBIT 5 for Risk neben einer zentralen IT-Risikorichtlinie die Einführung einer Whistleblower-Richtlinie vor, die der Risikominimierung dienen soll.

---

[269] Vgl. Gaulke 2014, S. 214.

Die Ebene des *Systematisierens* bestimmt im Rahmen eines Compliance-Systems, welche Instrumente, Kommunikationswege und Kontrollmechanismen eingerichtet werden. Hier geben IT-Rahmenwerke wie der IT-Grundschutzkatalog des BSI wertvolle Hinweise dazu, wie die konkrete Absicherung von IT-Strukturen und -Technologien erfolgen soll (s. Kap. 2.4.4). Der darin konkretisierte § 9 BDSG und sein Anhang werden inhaltlich durch Art. 24 DSGVO aufgegriffen, der die Anwendung geeigneter Datenschutzvorkehrungen vorschreibt. Bei DSGVO-gerechter Implementierung von Schutzinstrumenten kann der BSI-Grundschutzkatalog ebenso wie die ISO/IEC-27000er-Reihe Anhaltspunkte für die Ausgestaltung geben. Geeignete organisatorische und technologische Maßnahmen werden von der DSGVO an verschiedenen Stellen gefordert, so im Zusammenhang mit der Auftragsverarbeitung in Art. 28 DSGVO oder der Benachrichtigung bei Datenschutzverstößen in Art. 34 DSGVO. Worauf sich diese Maßnahmen beziehen und wie aussehen sollen, ist in Art. 32 DSGVO und Erwägungsgrund 83 beschrieben. Die Ausgestaltung von konkreten Maßnahmen muss so erfolgen, dass die dort beschriebenen Voraussetzungen erfüllt sind.

In Hinblick auf festzulegende Kommunikationswege beschreibt COSO 2013 in einer eigenen Komponente Prinzipien zur Kommunikation und Information. Dazu gehört nach Prinzip 14, dass die interne Kontrolle unterstützt wird durch die interne Information über deren Ziele. So kann beispielsweise über die Aufgaben von Compliance-Abteilung und Datenschutzbeauftragtem informiert werden, damit die Belegschaft diese in ihren Tätigkeiten unterstützen kann. Nach Prinzip 15 werden externe Ansprechpartner einbezogen, die in die Funktionalität des IKS eingebunden werden. Dies kann nach den Anforderungen der DSGVO Abläufe abdecken, nach denen Aufsichtsbehörden beispielsweise bei der Vorabprüfung oder nach Datenschutzkonflikten kontaktiert werden müssen.

Die für Prinzip 6 bestimmten Fokuspunkte gehen auf die Ziele interner Berichte ein, nach denen auch die Compliance-Zielsetzung klar festgeschrieben und kommuniziert werden muss (s. Kap. 3.4.3). In Bezug auf den Schutz von Daten vor unbefugtem Zugriff von außen wird ein Cyber Risk Assessement notwendig, dass die Berichtswege und Einbindung des Managements in die Risikokontrolle vorsieht.[270] Dies steht in direktem Zusammenhang mit der Installation eines DSMS (s. Kap. 4.1.2), das dann auch für die erforderliche Dokumentation Sorge trägt. Im Segment der Kontrollaktivitäten widmet sich Prinzip 11 der Einrichtung IT-sicherheitsbezogener Anwendungen, die

---

[270] Vgl. Galligan und Rau 2015, S. 5.

dem Datenschutz dienen. An dieser Stelle führt der COSO 2013 keine konkreten Umsetzungsvorschläge aus. Das wird von COBIT 5 aufgefangen, der das elfte Prinzip von COSO 2013 durch Prozessvorgaben ergänzt. So bestimmt beispielsweise DSS06 (Managen von Geschäftsprozesskontrollen), wie die Kontrolle von internen und externen Geschäftsprozessen mithilfe automatisierter und anderer technologiebezogener Vorgänge geschehen soll. Diese Vorgabe soll sicherstellen, dass die Informationsbearbeitung, die in solchen Vorgängen geschieht, den relevanten Kontrollanforderungen genügt. An dieser Stelle muss in die Prozessvorschriften eingearbeitet werden, was die DSGVO an verschärften Kontrollanforderungen mit sich bringt. Hier können die Anforderungen an Einwilligung und Informationspflichten verankert werden.

Wesentlicher Prozess in Bezug auf das Monitoring von IT-Compliance ist der MEA03 des COBIT-5-Rahmens, der sich im ersten Unterpunkt explizit dem Identifizieren und Überwachen von Gesetzesänderungen auf lokaler und internationaler Ebene widmet. Eine derartige Kontrolle externer Veränderungen ist ein wichtiger Bestandteil von Compliance-Aktivitäten, die beispielsweise betrachten, wie die Öffnungsklauseln der DSGVO im nationalen Recht umgesetzt werden und wie sich durch Rechtsprechung die unklaren Anforderungen konkretisieren werden. Die weiteren Unterpunkte MEA03.02–MEA03.04 sollen der Überprüfung und Anpassung der Richtlinien und Verfahren und der Sicherstellung der Compliance in allen Bereichen dienen. Die in Kapitel 4.1.1 vorgeschlagene Einbindung der Prozessowner in die Gestaltung der Einwilligungsbestätigung in den unterschiedlichen Abteilungen kann mithilfe der COBIT-Prozesse gut koordiniert werden.

Im fünften Prinzip des COSO 2013 findet sich ein Hinweis auf die Durchsetzung von Accountability (s. Kap. 2.2.2), der darauf beruht, dass innerhalb einer *Organisationsstruktur* Zuständigkeiten geschaffen werden und bestimmte Mitarbeiter Verantwortung zu übernehmen haben. Das erleichtert die in der DSGVO geforderten Rechenschaftspflichten beispielsweise hinsichtlich zu erbringender Nachweise oder Informationen.

In COBIT 5 gibt es eine Liste mit potenziellen Rollen und Verantwortlichkeiten, die beispielsweise näher beschreibt, dass etwa der Datenschutzbeauftragte für die Überwachung der Datenschutzrisiken sowie die Implementierung von Unternehmensrichtlinien zuständig ist. Außerdem wird ein Business-Continuity-Manager beschrieben, der nach einer Störung der operativen Tätigkeit dafür zuständig ist, den Geschäftsbetrieb schnellstmöglich wieder aufzunehmen. Er kann als Mitglied des unter Kapitel 4.1.1 geforderten Gremiums für die schnelle Abwicklung von Meldungen nach Datenpannen sowie bei der Erstellung von Datenschutz-Folgenabschätzungen eingebunden werden. Ein Information-Security-Manager (ISM) kann dafür zuständig sein, dass gesamte DSMS zu überwachen und zu steuern. In einem weiteren Schritt wird zugewiesen, welche Rolle für welche COBIT-Prozesse wie verantwortlich ist. Dabei spielt das RACI-Diagramm (responsible, accountable, consulted, informed) eine große Rolle, nach dem sich beispielsweise ergibt, dass im Prozess BAI06.02, Managen von Notfalländerungen, der ISM und der Compliance-Zuständige konsultiert werden soll. Im Rahmen der Datenschutzorganisation sollte für jeden Prozess festgelegt werden, welche Zuständigkeiten im Unternehmen vergeben sind und wer zu informieren, zu konsultieren oder verantwortlich zu machen ist. Auch COBIT folgt einem PDCA-Zyklus, wie er bereits in Kapitel 4.2.1 im Zusammenhang mit der ISO 19600 aufgezeigt wurde. Die datenschutzrelevanten Themen der DSGVO sind analog dazu umzusetzen.

4.2.3 Compliance-Audit-Inhalte erweitern

Im Zusammenhang mit Compliance als Teil des GRC wurde in Kapitel 3.2 ausgeführt, dass Compliance-Audits der Überprüfung dienen, ob Unternehmensbereiche oder Abteilungen rechtmäßig handeln bzw. den definierten Geschäftsprozessen folgen. Sie können von der internen Revision durchgeführt werden. Der Gegenstand des Compliance-Audits kann nach der Umsetzung von Maßnahmen, die der DSGVO gerecht werden sollen, auf Datenschutzprozesse ausgeweitet werden. Im Folgenden sollen exemplarisch dargestellt werden, wie die Herausforderungen, die im bisherigen Verlauf der Studie erarbeitet wurden, hier Eingang finden können:

- Im Zusammenhang mit der Produktion von Gütern könnte ein Audit sicherstellen, dass Anforderungen nach Data Privacy by Design and Default auch eingehalten werden. Da zunehmend Produkte mit Daten verbunden werden, wie im Internet of Things oder der Autonomik, ist der Innovationsfreude der Forschungs- Und Entwicklungsabteilung (F&E) bereits entgegenzusetzen, welche Anwendungen ggf. nicht der DSGVO entsprechen und somit nicht mit Compliance vereinbar sind. Beispielsweise sammeln moderne Fahrzeuge bereits automatisch GPS-Daten, die Arbeitgeber bei der Nutzung von entsprechenden Programmen auswerten können, um die Dienstwagennutzung nachzuverfolgen. Schon dabei ist unklar, ob die Fahrzeugdaten technischer oder personenbezogener Natur sind. Bislang bleiben die Daten als fahrzeugbezogen im Zugriffsbereich der Hersteller. Wenn diese zukünftig als personenbezogen eingestuft werden, kann der Halter entscheiden, wem er seine Daten zugänglich macht.[271] Dann ist deren Schutz vor Zugriff durch andere, aber auch durch den Hersteller selbst, umzugestalten. Im Falle von neuen Urteilen oder der

---

[271] Vgl. Hoefer 2017, S. 7.

Konkretisierung von Gesetzen muss ein Audit dafür sorgen, dass neue Standards erfüllt werden.

Im Hinblick auf Privacy by Default sollte der Online-Auftritt auditiert und dabei geprüft werden, ob tatsächlich jede Checkbox und damit jede Einwilligung des Kunden leer ist und erst durch diesen aktiviert wird, ehe er personenbezogene Daten freigibt. Im selben Vorgang kann beurteilt werden, ob das Kopplungsverbot beachtet wird und die Informationen klar verständlich sind. Ggf. müssen neue Cookie-Regelungen der ePrivacy-VO mit in das Audit aufgenommen werden, wenn deren Inhalte geklärt sind.

- Ein Audit kann auch dann hilfreich sein, wenn ein Löschkonzept eingeführt oder überarbeitet werden soll. Dessen Tragfähigkeit muss anhand der Kriterien der DSGVO bewertet werden. Dazu gehört, dass die Weitergabe von personenbezogenen Daten so dokumentiert ist, dass das Recht der Betroffenen auf Löschung umgesetzt werden kann. Im Unternehmen selbst muss den Grundsätzen der Transparenz und Datenminimierung auch durch das Löschkonzept nachgekommen werden. Um dem Aufbau einer Geheimnisdatenbank (s. Kap. 2.5.3) entgegenzuwirken, muss sichergestellt werden, dass die Löschroutine alle denkbaren Zwischenspeicher und Aktualisierungsdatenbanken umfasst. Das Löschkonzept unterstützt auch die Informationspflichten der Verantwortlichen, die Betroffene über die Dauer der Speicherung zu unterrichten haben. Ein klares Konzept verbessert den Umgang der Mitarbeiter mit den Datenbeständen und vermindert das Risiko, dass wegen fehlender Löschung Bußgelder verhängt werden. Wenn das Löschkonzept (s. Kap. 4.1.2) mit der Einrichtung systematischer Datenbanken mit automatisierter Klassifizierung verbunden wird, können auch fragmentierte Bestände verhindert werden, und es kann genauer zwischen löschpflichtigen und anderen Daten unterschieden werden. Zumindest im Jahr 2014 sah es nach einer Erhebung des TÜV SÜD so aus, als sei das Thema Löschung bislang nicht weit oben auf der Prioritätenliste von Unternehmen: knapp 40 % der befragten Unternehmen hatten kein geeignetes Löschkonzept und behielten unrechtmäßig Daten ein, die nicht mehr benötigt wurden."[272] In Zeiten deutlich höherer Bußgelder sollte dieser Anteil stetig sinken.
- Üblicherweise werden in allen Abteilungen eines Unternehmens je nach Aufgabenbereich unterschiedliche Rollen an die jeweiligen Sachbearbeiter bei der Bedienung von IT-Anwendungen vergeben. Dadurch wird erreicht, dass nicht alle Daten für sämtliche User einsehbar sind. Diese Rollenverteilung sollte im Interesse des Da-

---

[272] Vgl. TÜV Süd 2015.

tenschutzes regelmäßig kontrolliert werden, indem eine vergebene Rolle im Rahmen eines Audits auf ihre Zugriffsrechte hin überprüft wird. So kann beispielsweise nachvollzogen werden, ob ein Sachbearbeiter in der Zeitdatenerfassung auch Einsicht in die Entgeltabrechnungen hat, ohne dafür zuständig zu sein. Zugleich kann ein Überblick über die Tätigkeiten der Bearbeiter gewonnen und so nachvollzogen werden, ob der jeweilige Mitarbeiter ausreichend und angemessen geschult ist oder ob Nachholbedarf besteht.

- Es kann auch Gegenstand eines Audits sein, sicherzustellen, dass Auftragsdatenverarbeiter entsprechend den Datenschutzgrundsätzen agieren, und zwar insbesondere solche, die in Drittstaaten tätig sind, in denen die DSGVO nicht gilt. Hierbei sind die Vertragswerke, BCR und andere Garantien wie Zertifikate oder erfüllte Richtlinien zu erheben. Außerdem muss geprüft werden, wie die Weisungen an Auftragnehmer formuliert und festgeschrieben sind, um im Zweifel nachweisen zu können, dass Haftungsfälle nicht das eigene Unternehmen betreffen. Wenn möglich und vereinbart, kann auch im Unternehmen des Auftragnehmers auditiert werden, wie dieser seinen Auftrag erfüllt.

Sollten bereits Compliance-Audits durchgeführt werden, bei denen über mehrere Tage verteilt alle Bereiche geprüft werden, so sind die datenschutzrechtlichen Aspekte in einen neuen Ablaufplan einzubeziehen. Um die Führungsetage besser in die Compliance- und Datenschutztätigkeiten einzubinden, empfiehlt sich eine Aufarbeitung der Ergebnisse durch Datenvisualisierung. Anhand von Compliance-Dashboards, die zukünftig auch einen Datenschutz-Bereich beinhalten sollten, kann sowohl die Präsentation als auch die wiederholte Kontrolle effektiver gestaltet werden.

4.2.4 Stresstests

Um mögliche Schwachstellen im Unternehmen aufzuzeigen, können über die Audits hinaus so genannte Stresstests durchgeführt werden. Dafür werden Prozesse, bei denen personenbezogene Daten verarbeitet werden, über ihren gesamten Verlauf hin evaluiert, ob die gesetzlichen Vorgaben an allen Stellen eingehalten werden. Außerdem wird geprüft, was geschieht, wenn während der Simulation Verstöße aufgedeckt werden.

Ein Stresstest, der die ordnungsgemäße Löschung überprüfen soll, kann mithilfe eines Dummy-Kunden geschehen. Dieser wird vor dem Test in einer Kundendatei angelegt. Später wird simuliert, dass dieser Kunde die Löschung seiner Daten verlangt. Danach wird erhoben, ob und wenn ja, wo Restbestände der Daten (Dark Data) verbleiben, indem alle Systeme des Unternehmens nach dem Dummy abgesucht werden. Zudem wird geprüft, ob die Dokumentation ausreichende Informationen bietet, um der Löschpflicht nachzukommen und auch diejenigen Verantwortlichen zu informieren, denen die Daten ggf. weitergegeben wurden.

Ein weiterer Anwendungsbereich von Stresstests betrifft neue Technologien wie die bereits genannte Autonomik. Um die Sicherheit von Fahrzeugen, den Zugriff auf die Systeme und deren Datenbestände zu prüfen, gehen manche Hersteller inzwischen so weit, Hacker zu engagieren.[273] Auch ohne diese drastischen Mittel kann unternehmensintern die Produktsicherheit Gegenstand eines Stresstests sein. Wäre die Puppe „Cayla" (s. Kap. 2.4.2) im Hinblick auf ihre Sende- und Empfangstätigkeiten und deren gesetzliche Regelungen geprüft worden, wäre sie vermutlich gar nicht erst in europäische Regale gelangt.

Schließlich könnten Datenpannen unterschiedlicher Schweregrade simuliert werden, um zu überprüfen, ob der Vorfall gem. einer vorher definierten Meldekette zur verantwortlichen Person gelangt, die diesen Vorfall bei der Behörde melden muss. Zudem soll sichergestellt werden, dass die Pannen korrekt beurteilt werden, was die Rechte der Betroffenen angeht, die ggf. unterrichtet werden müssen. In diesem Zusammenhang können auch die potenziellen Bußgelder und Schadensersatzforderungen einbezogen werden. Auf deren Basis kann beispielsweise die Rechtsabteilung eine Strategie entwickeln, wie zur Abwendung größerer wirtschaftlicher Schäden mit potenziellen Anspruchstellern umgegangen werden soll. Auch kann der Abschluss einer Versicherung in Erwägung gezogen werden.

---

[273] Vgl. Dahlman 2016.

5 Fazit

5.1 Zusammenfassung der Ergebnisse

Die vorliegende Arbeit hatte zum Ziel, die Veränderungen in unternehmensinternen Compliance-Systemen zu beurteilen, die sich aus den Herausforderungen der DSGVO ergeben können. Dabei sollte berücksichtigt werden, an welcher Stelle und in welchem Ausmaß Synergien und Potenziale zwischen Datenschutz- und Compliance-Systemen existieren, aber auch, wo Risiken entstehen.

Um das Themengebiet der DSGVO zu beleuchten, wurde in Kapitel 2 zunächst ein Überblick über die Entwicklung von Datenschutz allgemein und der DSGVO im Besonderen gegeben. Ein wichtiger Aspekt der Darstellung der DSGVO war es, die Neuerung im Vergleich zum BDSG und der DSRL deutlich zu machen, um daraus die Herausforderungen abzuleiten, die ab Mai 2018 für Unternehmen bestehen. Insbesondere haben sich in diesem Zusammenhang Veränderungen in den Informations- und Dokumentationspflichten, der Einwilligungsbeschaffung und Verwendung der personenbezogenen Daten ergeben. Auch wurden die Öffnungsklauseln, die auf weitere Rechtsgestaltung durch die Mitgliedsstaaten abzielen, dargestellt.

Das dritte Kapitel sollte den Zweck erfüllen, die Einbettung von Compliance in die Unternehmensstrukturen zu betrachten, die eine Affinität zu Datenschutzthematiken haben. Allgemein wurden Rahmenwerke wie der IDW PS 980 und die ISO 19600 vorgestellt. Im Anschluss wurde das Thema IT-Compliance detailliert bearbeitet, da sich die DSGVO hauptsächlich mit der elektronischen Verarbeitung personenbezogener Daten befasst.

Schließlich wurde in Kapitel 4 im Zuge der Bearbeitung der Forschungsfrage herausgearbeitet, welche der benannten Herausforderungen in wirtschaftlicher und rechtlicher Hinsicht wie von Compliance-Systemen aufgegriffen werden können und was dabei zu beachten bzw. anzupassen ist. In Bezug auf die Zuständigkeiten ist zwar rechtlich möglich, dass die Rollen des Datenschutzbeauftragten und des Compliance-Officers von einer Person übernommen werden. Anzuraten ist jedoch eine Trennung, da die Funktionen unterschiedliche Ausrichtungen haben. Eine vorhandene oder neu einzuführende Whistleblowing-Hotline sollte auch für die Meldung von Datenschutzverstößen nutzbar sein, was – wie alle anderen Maßnahmen auch – im Unternehmen klar kommuniziert werden muss. Dazu eignen sich auch Schulungen, deren Einsatz genau geplant werden sollt. Schulungen sind auch geeignet, um in speziellen Abteilungen wie der Produktion oder F&E darauf hinzuwirken, dass Konzepte wie Privacy by Design oder Default berücksichtigt werden. Zusätzlich sollten diese Abteilungen in Audits oder Stresstestsdahingehend überprüft werden.

Um die Rechtmäßigkeit der Einwilligungen sicherzustellen, sollte eine zentrale Stelle geschaffen werden, die alle mit Betroffenen interagierenden Abteilungen und deren Tools überprüft. Die veränderten Rahmenbedingungen, was Einwilligungen betrifft, macht die auch Überprüfung von Betriebsvereinbarungen notwendig, was zum Einbezug von weiteren Ressourcen wie der etwa der Compliance-Abteilung führen sollte, um den Datenschutzbeauftragten zu entlasten. Auch die Datenschutzfolgenabschätzung sowie das notwendige Verarbeitungsverzeichnis binden erhebliche Ressourcen. Für erstere kann die Risikoabteilung eingesetzt werden, sofern den jeweiligen Mitarbeitern die Ausrichtung auf Risiken, die die Betroffenen tragen, bewusst gemacht wird. Ein Verarbeitungsverzeichnis nach der DSGVO einzurichten bietet die Chance, alle bislang bereits erfassten Prozesse und Datenströme in ein komplexes DSMS zu überführen, dass alle neuen Herausforderungen der Dokumentation und Information leisten kann. So kann auch der Meldepflicht besser nachgekommen werden, die bei einem Datenschutzverstoß oder -angriff in einem festgelegten Prozess alle relevanten Mitarbeiter erreicht und den Vorgaben der DSGVO genügt. Im Zuge konzeptioneller Verbesserungen sollte auch ein Löschkonzept erstellt werden, das u. a. die Erfüllung der Forderungen aus dem Recht auf Löschung in Zusammenarbeit mit dem DSMS ermöglichen kann.

Was die Corporate Governance der Unternehmen betrifft, sollte Datenschutz auf den verschiedenen Ebenen aufgegriffen werden. So kann er bereits im Code of Conduct verankert sein und sollte zusätzlich in konkreten Richtlinien, den BCR oder Agency Agreements berücksichtigt werden.

In wirtschaftlicher Hinsicht ist die DSGVO vor allem wegen der u. U. existenzbedrohenden Höhe der Bußgelder eine Herausforderung für Unternehmen. Verstöße müssen intern härter sanktioniert werden und es sollten möglichst Strukturen umgesetzt werden, die die Haftung etwa bei der Beschäftigung von Auftragsverarbeitern, begrenzen bzw. die Bußgelder im Rahmen halten. Hierfür sind Verfahrensregeln und Zertifizierungen geeignet, wie sie auch durch Compliance-Systeme ermöglicht werden. Eine größere Transparenz gegenüber der Öffentlichkeit kann die Umsetzung der Anforderungen aus der DSGVO ggf. zu einem Wettbewerbsvorteil wandeln bzw. ggf. Reputationsverluste im Falle von Datenpannen eindämmen.

Im Ergebnis lässt sich festhalten, dass vorhandene Compliance-Systeme – speziell solche, die schon eine IT-Ausrichtung haben – gut geeignet sind, um den Herausforderungen der DSGVO zu begegnen. Außerdem können verwandte Abteilungen wie die IR oder das Risikomanagement einbezogen werden, um besseren Datenschutz zu gewährleisten. Unternehmen, die sich der DSGVO gegenüber sehen und noch keinerlei Compliance-Strukturen implementiert haben, können sich gut an den Rahmenwerken orientieren, um die rechtmäßige Verarbeitung von personenbezogenen Daten innerhalb der jeweiligen Systeme zu erreichen.

5.2 Diskussion und Würdigung der Ergebnisse

Kritisch ist allerdings zu sehen, dass die DSGVO so hohe Ansprüche an die Datenspeicherung und -dokumentation stellt, die nur mit einer sehr komplexen Datenbank erfüllt werden können, dass Unternehmen dadurch dem Grundsatz der Datenminimierung nicht gerecht werden können. Das Phänomen Big Data in Form von omnipotenten Datenbank wird gefördert, und so entsteht das, was Datenschutz eigentlich verhindern will. Auf den Punkt bringt es Rohleder in einem Interview mit der Aussage: „Es besteht die Gefahr, dass mit der Datenschutzverordnung ein bürokratisches Monster erschaffen wird, das wir nicht mehr einfangen können."[274]

Ebenfalls ist anzumerken, dass zwar Unternehmen möglichst in der Ausdehnung ihres Zugriffs auf personenbezogene Daten beschränkt werden sollen, die Bundesrepublik an dieser Stelle jedoch keine Vorbildfunktion übernimmt. Beispielsweise sollen Daten im jüngst beschlossenen Einsatz des sog. Bundestrojaners für das Ausspähen von Messenger-Diensten erhoben werden, auf die bislang kein pauschaler Zugriff möglich war.

Ein weiterer Problembereich ergibt sich aus dem nationalen US-amerikanischen Recht: Großen Konzernen werden nach Verstößen in den USA Monitorer in die deutschen Stammsitze geschickt, die dann in die USA berichten und teilweise so viel Druck ausüben, dass gegen deutsches Recht, beispielsweise den Kündigungsschutz, verstoßen wird, was dann Klagen nach sich zieht. Diese eingesetzten Monitorer sind nicht dafür bekannt, es mit dem Datenschutz sehr genau zu nehmen, was Unternehmen in weitere Schwierigkeiten bringen kann.[275]

Obwohl die DSGVO wichtige Anstöße zum Schutz personenbezogener Daten aufgegriffen und umgesetzt hat, bleibt abzuwarten, wie die tatsächliche Umsetzung nach der Verabschiedung nationaler Gesetzgebungen, der ePrivacy-Verordnung sowie

---

[274] Shahd und Dehmel 2015.
[275] Vgl. Schumacher et al. 2017, 43-44.

konkreter Richtlinien und Zertifizierungsoptionen ausgestaltet wird und was das im Einzelnen für Unternehmen bedeutet.

Abbildungsverzeichnis

Abbildung 1: Aufgaben und Befugnisse der Aufsichtsbehörden nach DSGVO 15
Abbildung 2: Schema zur Datenerhebung beim Betroffenen 33
Abbildung 3: House of Corporate Governance.. 43
Abbildung 4: Mögliche interne Compliance-Organisationen in Konzernen. 47
Abbildung 5: Aufbau und Struktur eines CMS. 48
Abbildung 6: CMS gem. ISO 19600. 51
Abbildung 7: Erfolgsfaktoren im COBIT 5. 55
Abbildung 8: Einordnung ausgewählter IT-Frameworks und Standards. 57
Abbildung 9: Übertragung der Datenschutz-Prozesse auf den COBIT 5. 72

Tabellenverzeichnis

Tabelle 1: Die 17 Prinzipien von COSO I... 53

Abkürzungsverzeichnis

AktG	Aktiengesetz
APO	Align, Plan and Organise
AS	Australian Standard
Az	Aktenzeichen
BAI	Build, Acquire and Implement
BCR	Binding Corporate Rules
BDSG	Bundesdatenschutzgesetz
BGH	Bundesgerichtshof
BSI	Bundesamt für Sicherheit in der Informationstechnik
BSIG	Gesetz über das Bundesamt für Sicherheit in der Informationstechnik
CCO	Chief Compliance Officer
CG	Corporate Governance
COBIT	Control Objectives for Information and Related Technology
COSO	Committee of Sponsoring Organizations of the Treadway Commission
CMS	Compliance Management System
CSR	Corporate Social Responsibility
DCGK	Deutscher Corporate Governance Kodex
DSAnpUG	Datenschutz-Anpassungs- und Umsetzungsgesetz
DSMS	Datenschutzmanagementsystem
DSGVO	EU-Datenschutz-Grundverordnung
DSRL	Datenschutzrichtlinie
DSS	Deliver, Service and Support
DQS	Deutsche Gesellschaft zur Zertifizierung von Managementsystemen
EDM	Evaluate, Direct and Monitor
ERM	Enterprise Risk Management
EuGH	Europäischer Gerichtshof
F&E	Forschung und Entwicklung
GmbH	Gesellschaft mit beschränkter Haftung
GPS	Global Positioning System
GRC	Governance, Risk & Compliance
GRCh	Charta der Grundrechte der Europäischen Union
GS	Grundschutzkatalog
IDW	Institut der Wirtschaftsprüfer
IEC	International Electrotechnical Commission
IKS	internes Kontrollsystem
IP	Internet Protocol
IR	Interne Revision
ISACA	Information Systems Audit and Control Association
ISM	Information Security Manager
ISO	International Organization for Standardization
ITGI	IT Governance Institute

ITIL	IT Infrastructure Library
KWG	Gesetz über das Kreditwesen
MEA	Monitor, Evaluate and Assess
NCFFR	National Commission on Fraudulent Financial Reporting
OGC	Office of Government Commerce
OWiG	Gesetz über Ordnungswidrigkeiten
PDCA	Plan-Do-Check-Act
PS	Prüfungsstandard
RACI	Responsible, Accountable, Consulted, Informed
SEC	United States Securities and Exchange Commission
SOA	Sarbanes-Oxley Act
TKG	Telekommunikationsgesetz
TMG	Telemediengesetz
TÜV	Technischer Überwachungsverein
UWG	Gesetz gegen den unlauteren Wettbewerb
WpDVerOV	Verordnung zur Konkretisierung der Verhaltensregeln und Organisationsanforderungen für Wertpapierdienstleistungsunternehmen
WpHG	Gesetz über den Wertpapierhandel

Quellenverzeichnis

3GRC (2015): IDW PS 980 oder ISO 19600:2014 – Gegensatz oder Ergänzung? Online verfügbar unter https://www.3grc.de/compliance/idw-ps-980-oder-iso-196002014-gegensatz-oder-ergaenzung/, zuletzt aktualisiert am 21.04.2015, zuletzt geprüft am 23.06.2017.

Albrecht, Jan Philipp; Jotzo, Florian (2017): Das neue Datenschutzrecht der EU. Grundlagen, Gesetzgebungsverfahren, Synopse. Baden-Baden: Nomos.

Arbeitsgericht Hamburg, Urteil vom 21.07.2016, Aktenzeichen 8 Sa 32/16. In: ZD Zeitschrift für Datenschutz (6), S. 292.

Barlag, Charlotte (2017a): Anwendungsbereich der Datenschutzgrundverordnung. In: Alexander Roßnagel (Hg.): Europäische Datenschutz-Grundverordnung. Vorrang des Unionsrechts - Anwendbarkeit des nationalen Rechts. Baden-Baden: Nomos (NomosPraxis), S. 108–118.

Barlag, Charlotte (2017b): Datensicherheit. In: Alexander Roßnagel (Hg.): Europäische Datenschutz-Grundverordnung. Vorrang des Unionsrechts - Anwendbarkeit des nationalen Rechts. Baden-Baden: Nomos (NomosPraxis), S. 165–179.

Bauer, Silvia C. (2016): Safe Harbour 2.0. Konsequenzen für die Praxis aus der Safe Harbor-Entscheidung des EuGH. In: ZRFC 11 (1), S. 21–26.

Bausewein, Christoph; Steinhaus, Jörg (2017): Kommentar zu Art. 35 DSGVO. In: Tim Wybitul (Hg.): Handbuch EU-Datenschutz-Grundverordnung. Unter Mitarbeit von Christoph Bausewein. Frankfurt am Main: Fachmedien Recht und Wirtschaft (Schriftenreihe Kommunikation & Recht), S. 524–545.

Behringer, Stefan (2013): Compliance – Modeerscheinung oder Prüfstein für gute Unternehmensführung? In: Stefan Behringer (Hg.): Compliance kompakt. Best Practice im Compliance-Management. 3., neu bearb. Aufl. Berlin: E. Schmidt, S. 29–48.

Beiersmann, Stefan (2016): Europäische Regierungen genehmigen Datenaustauschabkommen Privacy Shield. Hg. v. ZDNET. Online verfügbar unter http://www.zdnet.de/88274309/europaeische-regierungen-genehmigen-datenaustauschabkommen-privacy-shield/, zuletzt geprüft am 15.04.2017.

Bogendorfer, Rene J. (2016): Der Dienstleister wird zum Auftragsverarbeiter. In: Rainer Knyrim (Hg.): Datenschutz-Grundverordnung. Praxishandbuch. Wien: MANZ, S. 169–180.

Brüner, Franz-Hermann; Raddatz, Ilka (2010): Herausforderungen an Compliance hinsichtlich der Korruptionsbekämpfung in der öffentlichen Verwaltung. In: Josef Wieland, Roland Steinmeyer und Stephan Grüninger (Hg.): Handbuch Compliance-Management. Konzeptionelle Grundlagen, praktische Erfolgsfaktoren, globale Herausforderungen. Berlin: Schmidt, S. 137–145.

Bundesamt für Sicherheit in der Informationstechnologie (BSI) (2012): BSI: Leitfaden IT-Sicherheit. Online verfügbar unter https://www.bsi.bund.de/SharedDocs/Downloads/DE/BSI/Grundschutz/Leitfaden/GS-Leitfaden_pdf.html, zuletzt geprüft am 17.06.2017.

Bundesgerichtshof (2017): Pressemitteilung zur Zulässigkeit der Speicherung von dynamischen IP-Adressen. Urteil vom 16. Mai 2017 - VI ZR 135/13 (74). Online verfügbar unter http://juris.bundesgerichtshof.de/cgi-bin/rechtsprechung/document.py?Gericht=bgh&Art=pm&Datum=2017&Sort=3&nr=78289&pos=0&anz=74, zuletzt geprüft am 24.06.2017.

Bundesnetzagentur (2017): Pressemitteilung: Bundesnetzagentur zieht Kinderpuppe „Cayla" aus dem Verkehr. Online verfügbar unter https://www.bundesnetzagentur.de/SharedDocs/Pressemitteilungen/DE/2017/14012017_cayla.html?nn=265778, zuletzt geprüft am 15.06.2017.

Bundesverfassungsgericht, Beschluss vom 16.07.1969, Aktenzeichen 1 BvL 19/63.

Bürkle, Jürgen (2010): Compliance-Beauftragte. In: Christoph E. Hauschka und Christoph Besch (Hg.): Corporate Compliance. Handbuch der Haftungsvermeidung im Unternehmen. 2., überarb. und erw. Aufl. München: Beck, S. 136–162.

Claussen, Jens (2011): Compliance- oder Integrity-Management. Maßnahmen gegen Korruption in Unternehmen. Zugl.: Kassel, Univ., Diss., 2011. Marburg: Metropolis-Verl.

COSO (2013): COSO Internal Control-Integrated Framework. Frequently Asked Questions. Online verfügbar unter https://www.coso.org/Documents/COSO-FAQs-May-2013-branded.pdf, zuletzt geprüft am 17.06.2017.

Dachwitz, Ingo (2016): EuGH-Urteil zur Speicherung von IP-Adressen. Mehr Spielraum für Nutzer-Tracking. Online verfügbar unter https://netzpolitik.org/2016/eugh-urteil-zur-speicherung-von-ip-adressen-mehr-spielraum-fuer-nutzer-tracking/, zuletzt geprüft am 15.06.2017.

Dahlman, Don (2016): Warum Autohersteller jetzt Hacker engagieren. In: Die Welt, 03.05.2016. Online verfügbar unter https://www.welt.de/motor/article154984026/Warum-Autohersteller-jetzt-Hacker-engagieren.html, zuletzt geprüft am 24.06.2017.

Von dem Bussche, Axel (2016a): Art. 46. In: Kai-Uwe Plath (Hg.): BDSG / DSGVO. Kommentar zum BDSG und zur DSGVO sowie den Datenschutzbestimmungen des TMG und TKG. 2. Auflage. Köln, Saarbrücken: Verlag Dr. Otto Schmidt; Juris, S. 1216–1218.

Von dem Bussche, Axel (2016b): Datenschutz-Folgeabschätzung. In: Kai-Uwe Plath (Hg.): BDSG / DSGVO. Kommentar zum BDSG und zur DSGVO sowie den Datenschutzbestimmungen des TMG und TKG. 2. Auflage. Köln, Saarbrücken: Verlag Dr. Otto Schmidt; Juris, S. 1161–1167.

Depré, Peter (Hrsg.) (2011): Praxis-Handbuch Compliance. Walhalla und Praetoria Verlag GmbH Co. KG.

Die Bundesbeauftragte für den Datenschutz und die Informationssicherheit (o. J.): Eingriffe in das Recht auf informationelle Selbstbestimmung nur auf der Grundlage eines Gesetzes, das auch dem Datenschutz Rechnung trägt (Volkszählungsurteil). Hg. v. Die Bundesbeauftragte für den Datenschutz und die Informationssicherheit. Online verfügbar unter https://www.bfdi.bund.de/DE/Datenschutz/Themen/Melderecht_Statistiken /VolkszaehlungArtikel/151283_VolkszaehlungsUrteil.html, zuletzt geprüft am 09.04.2017.

Dorschel, J. (2015): Praxishandbuch Big Data. Wirtschaft – Recht – Technik: Springer Fachmedien Wiesbaden.

Dr. Datenschutz (2015): Datenschutz und Compliance – Rivalen im Unternehmen? Online verfügbar unter https://www.datenschutzbeauftragter-info.de/datenschutz-und-compliance-rivalen-im-unternehmen/, zuletzt aktualisiert am 31.07.2015, zuletzt geprüft am 17.06.2017.

Düsseldorfer Kreis (2016): Fortgeltung bisher erteilter Einwilligungen unter der Datenschutz-Grundverordnung. Beschluss der Aufsichtsbehörden für den Datenschutz im nicht-öffentlichen Bereich. Düsseldorfer Kreis. Online verfügbar unter https://www.lda.bayern.de/media/dk_einwilligung.pdf, zuletzt geprüft am 24.06.2017.

Eckhardt, Jens; Kramer, Rudi; Mester, Britta Alexandra (2013): Auswirkungen der geplanten EU-DS-GVO auf den deutschen Datenschutz. In: DuD 37 (10), S. 623–629.

Engelbrechtsmüller, Christian (2009): Governance im Finanz- und Treasurymanagement bei Nichtbanken. In: Alfred Wagenhofer und Alexander Bassen (Hg.): Controlling und Corporate Governance-Anforderungen. Verbindungen, Maßnahmen, Umsetzung. Berlin: Schmidt, S. 159–177.

Engelhart, Marc (2012): Sanktionierung von Unternehmen und Compliance. Eine rechtsvergleichende Analyse des Straf- und Ordnungswidrigkeitenrechts in Deutschland und den USA. 2., erg. und erw. Aufl. Berlin: Duncker & Humblot.

Falk, Michael (2012): IT-Compliance in der Corporate Governance. Anforderungen und Umsetzung. Zugl.: Gießen, Univ., Diss., 2012. Wiesbaden: Gabler Verlag.

Fissenewert, Peter (2015): Praxishandbuch internationale Compliance-Management-Systeme. Grundsätze - Checklisten - Zertifizierung gemäß ISO 19600. Berlin: E. Schmidt.

Fladung, Armin (2017): Berichtigung und Löschung. Art. 17 Recht auf Löschung ("Recht auf Vergessenwerden"). In: Tim Wybitul (Hg.): Handbuch EU-Datenschutz-Grundverordnung. Unter Mitarbeit von Christoph Bausewein. Frankfurt am Main: Fachmedien Recht und Wirtschaft (Schriftenreihe Kommunikation & Recht), S. 318–356.

Flitsch, Martina (2013): Rechtliche und sonstige Grundlagen für Compliance. Österreich. In: Helmut Görling, Cornelia Inderst und Britta Bannenberg (Hg.): Compliance. Aufbau, Management, Risikobereiche. 2., neu bearb. Aufl. Heidelberg, Hamburg: C. F. Müller (Wirtschaftsrecht), S. 29–66.

Galligan, Mary E.; Rau, Kelly (2015): COSO in the Cyber Age. Hg. v. Deloitte. Online verfügbar unter https://www2.deloitte.com/us/en/pages/risk/articles/coso-in-the-cyber-age-research-report.html, zuletzt geprüft am 15.06.2017.

Gaulke, Markus (2014): Praxiswissen COBIT. Grundlagen und praktische Anwendung in der Unternehmens-IT. 2nd ed. Heidelberg: dpunkt.verlag.

Geis, Ivo; Helfrich, Marcus (2016): Einführung. In: Marcus Helfrich (Hg.): Datenschutzrecht: Textausgabe mit ausführlichem Sachverzeichnis und einer Einführung. 7. Auflage, Stand: 1. April 2015. München, München: Dtv; Beck, S. XI–XLIX.

Gola, P.; Jaspers, A. (2011): Das Bundesdatenschutzgesetz im Überblick. Information zum BDSG bei Anwendung in der Privatwirtschaft; Erläuterungen, Schaubilder und Organisationshilfen: Datakontext.

Gola, Peter; Jaspers, Andreas; Müthlein, Thomas; Schwartmann, Rolf (2017): Datenschutz-Grundverordnung im Überblick. Erläuterungen, Schaubilder und Organisationshilfen für die Datenschutzpraxis. Frechen: Datakontext.

Goll, Lothar; Haupt, Stephan (2008): Corporate Governance, Risk- and Compliancemanagement in der Beschaffung. In: Einkauf und Logistik Bundesverband Materialwirtschaft (Hg.): Best Practice in Einkauf und Logistik. 2., völlig neue und erweiterte Auflage. Wiesbaden: Gabler Verlag / GWV Fachverlage GmbH Wiesbaden, S. 149–168.

Görling, Helmut (2013): Sachverhaltsaufklärung in Compliance-Fällen. In: Helmut Görling, Cornelia Inderst und Britta Bannenberg (Hg.): Compliance. Aufbau, Management, Risikobereiche. 2., neu bearb. Aufl. Heidelberg, Hamburg: C. F. Müller (Wirtschaftsrecht), S. 449–468.

Groß, Nadja Fee Viola (2012): Chief Compliance Officer. Compliance-Funktionsträger im Spannungsverhältnis zwischen wirksamer Compliance und arbeitsrechtlicher. Zugl.: Augsburg, Univ., Diss., 2011-2012. Baden-Baden: Nomos.

Grünendahl, Ralf-T.; Steinbacher, Andreas F.; Will, Peter H. L. (2012): Das IT-Gesetz: Compliance in der IT-Sicherheit. Leitfaden für ein Regelwerk zur IT-Sicherheit im Unternehmen. 2., aktualisierte Aufl. Wiesbaden: Springer Vieweg.

Grüninger, Stefan (2010): Wertorientiertes Compliance Management System. In: Josef Wieland, Roland Steinmeyer und Stephan Grüninger (Hg.): Handbuch Compliance-Management. Konzeptionelle Grundlagen, praktische Erfolgsfaktoren, globale Herausforderungen. Berlin: Schmidt, S. 39–69.

Härting, Niko (2016): Datenschutz-Grundverordnung. Köln: Otto Schmidt.

Hauschka, Christoph E. (2010): Einführung. In: Christoph E. Hauschka und Christoph Besch (Hg.): Corporate Compliance. Handbuch der Haftungsvermeidung im Unternehmen. 2., überarb. und erw. Aufl. München: Beck, S. 1–27.

Hennemann, Moritz (2017): Das Recht auf Vergessen(werden) in der Datenschutz-Grundverordnung – Tatbestandsmerkmale, praktische Umsetzungsmöglichkeiten und Perspektiven –. In: Maximilian Becker, Anne Lauber-Rönsberg und Louisa Specht (Hg.): Medienrecht im Medienumbruch: Nomos Verlagsgesellschaft mbH & Co. KG, S. 245–258.

Herting, Sebastian; Kröger, Malte (2017): Kurzanalyse: Entwurf der ePrivacy-Verordnung. Online verfügbar unter https://www.datenschutzkanzlei.de/kurzanalyse-entwurf-der-eprivacy-verordnung/, zuletzt aktualisiert am 25.01.2017, zuletzt geprüft am 17.06.2017.

Hessel, Stefan (2017): "My friend Cayla" - eine nach § 90 TKG verbotene Sendeanlage? In: JurPC, S. 13.

Hoefer, Carsten (2017): Datenquelle Auto. - Alle wollen daran verdienen. In: Berliner Morgenpost, 16.06.2017 (161/24), S. 7.

Hoffmann, Anja (2017): EU-Datenschutzrecht. Ein Überblick über die bestehenden Vorschriften auf EU-Ebene und die aktuellen Reformbestrebungen der Kommission. Centrum für Europäische Politik. Freiburg.

Hofmann, Johanna (2017): Die Auftragsverarbeitung (Cloud Computing). In: Alexander Roßnagel (Hg.): Europäische Datenschutz-Grundverordnung. Vorrang des Unionsrechts - Anwendbarkeit des nationalen Rechts. . Baden-Baden: Nomos (NomosPraxis), S. 180–188.

Hohmann, Carolin (2017): Sanktionen. In: Alexander Roßnagel (Hg.): Europäische Datenschutz-Grundverordnung. Vorrang des Unionsrechts - Anwendbarkeit des nationalen Rechts. Baden-Baden: Nomos (NomosPraxis), S. 199–206.

Hörmannsdorfer, Engelbert (2017): Datenschutzgrundverordnung und IT-SIG: Pflichterfüllung unter allen Umständen. In: storage-magazin.de (2), S. 8–11, zuletzt geprüft am 24.06.2017.

Hülsmann, Werner (2016): Entwurf für die Nachfolgeregelung der E-Privacy-Richtlinie wird am 11. Januar 2017 vorgestellt. Online verfügbar unter https://dsgvo.expert/entwurf-fuer-die-nachfolgeregelung-der-e-privacy-richtlinie-wird-am-11-januar-2017-vorgestellt/, zuletzt aktualisiert am 15.06.2017.

Hülsmann, Werner (2017): Bundesrat: Zustimmung zum DSAnpUG-EU inkl. BDSG-neu. Online verfügbar unter https://dsgvo.expert/bundesrat-zustimmung-zum-dsanpug-eu-inkl-bdsg-neu/, zuletzt geprüft am 23.06.2017.

Inderst, Cornelia (2013): Der Aufbau einer Compliance Abteilung. In: Helmut Görling, Cornelia Inderst und Britta Bannenberg (Hg.): Compliance. Aufbau, Management, Risikobereiche. 2., neu bearb. Aufl. Heidelberg, Hamburg: C. F. Müller (Wirtschaftsrecht), S. 83-101.

Institut der Wirtschaftsprüfer in Deutschland (2011): IDW-Prüfungsstandard: Grundsätze ordnungsmäßiger Prüfung von Compliance Management Systemen // IDW Prüfungsstandard: Grundsätze ordnungsmäßiger Prüfung von Compliance Management Systemen. IDW PS 980. Stand: 11.03.2011. Düsseldorf: IDW-Verl.

ISACA (o. J.): IT Governance Institute (ITGI). Online verfügbar unter http://www.isaca.org/About-ISACA/IT-Governance-Institute/Pages/default.aspx, zuletzt geprüft am 17.06.2017.

ISACA (2011): IDW PS 330 <-> DIN ISO/IEC 27001 Referenztabelle. Hg. v. ISACA. Frankfurt am Main (ISACA Leitfaden und Nachschlagewerk). Online verfügbar unter https://www.isaca.de/sites/pf7360fd2c1.dev.teamwd.de/files/attachements/isaca_leitfaden_sicherheit_0.pdf, zuletzt geprüft am 24.06.2017.

ISO (2014): ISO 19600:2014 (en). Hg. v. ISO. Online verfügbar unter https://www.iso.org/obp/ui/#iso:std:iso:19600:ed-1:v1:en, zuletzt geprüft am 17.06.2017.

Jäger, Axel; Rödl, Christian; Campos Nave, José A. (2009): Praxishandbuch Corporate Compliance. Grundlagen, Checklisten, Implementierung. Weinheim: WILEY-VCH.

Johannsen, W.; Goeken, M. (2007): Referenzmodelle für IT-Governance. Methodische Unterstützung der Unternehmens-IT mit COBIT, ITIL & Co: dpunkt.verlag.

Jonas, Peter (2016): Die Internationale Norm ISO 19600 ComplianceManagement Systems. - Inhalte und Zertifizierung. In: Austrian Law Journal (1), S. 60–67. Online verfügbar unter http://alj.uni-graz.at/index.php/alj/article/view/62, zuletzt geprüft am 13.03.2017.

Karbaum, Christian (2010): Kartellrechtliche Compliance. Rechtsgrundlagen und Umsetzung. Frankfurt, M., Berlin, Bern, Bruxelles, New York, NY, Oxford, Wien: Lang.

Katko, Peter; Kuklok, Oliver; Struck, Matthias (2016): Bereit für die EU-Datenschutzgrundverordnung? Hg. v. Ernst & Young GmbH. Online verfügbar unter http://www.ey.com/Publication/vwLUAssets/ey-bereit-fuer-die-eu-datenschutzgrundverordnung/$FILE/ey-bereit-fuer-die-eu-datenschutzgrundverordnung.pdf, zuletzt geprüft am 15.06.2017.

Kayser, Michael; Makowicz, Bartosz; Preusche, Reinhard (2016): Compliance Management. Fragen und Antworten zu DIN ISO 19600. Berlin: Beuth.

Keuper, Frank; Röder, Stefan; Korsukéwitz, Carl (2010): Governance-Entscheidungen im Spannungsfeld zwischen Markt und Hierarchie. In: Frank Keuper und Fritz Neumann (Hg.): Corporate Governance, Risk Management und Compliance. Innovative Konzepte und Strategien. Wiesbaden: Gabler Verlag / GWV Fachverlage GmbH Wiesbaden, S. 191–211.

Kirsch, Marcus; Logemann, Thorsten (Hg.) (2011): Datenschutz in Unternehmen. Leitfaden für datenschutzrechtliche Fragestellungen im Rahmen unternehmerischer IT-Compliance. Hamburg: Verl. Intersoft Consulting Services AG.

Kramer, Philipp (2016): Das Allgemeine Bundesdatenschutzgesetz soll im Mai 2018 das bisherige Bundesdatenschutzgesetz ablösen. In: Datenschutz-Berater (9), S. 191.

Kraska, Sebastian (2017): Datenschutz: Bundestag beschließt Neuregelung. Das Datenschutz-Blog. Online verfügbar unter https://www.datenschutzbeauftragter-online.de/datenschutz-bundestag-beschliesst-bdsg-neufassung-dsanpug-eu/10691/, zuletzt geprüft am 06.05.2017.

Krcmar, Helmut (2015): Informationsmanagement. 6., überarb. Aufl. Wiesbaden: Springer Gabler.

Kroschwald, Steffen (2015): Informationelle Selbstbestimmung in der Cloud. Dissertation. DuD-Fachbeiträge, Wiesbaden: Springer.

Kühling, Jürgen (2016): Die Datenschutz-Grundverordnung und das nationale Recht. Erste Überlegungen zum innerstaatlichen Regelungsbedarf. Münster: Verlagshaus Monsenstein und Vannerdat.

Kühling, Jürgen; Martini, Mario (2016): Die Datenschutzgrundverordnung: Revolution oder Evolution im europäischen und deutschen Datenschutzrecht? In: EuZW, S. 448–454.

Lampert, Thomas (2010): Compliance-Organisation. In: Christoph E. Hauschka und Christoph Besch (Hg.): Corporate Compliance. Handbuch der Haftungsvermeidung im Unternehmen. 2., überarb. und erw. Aufl. München: Beck, S. 163–178.

Lampert, Thomas; Mattey, Philip (2010): § 26 Kartellrecht. In: Christoph E. Hauschka und Christoph Besch (Hg.): Corporate Compliance. Handbuch der Haftungsvermeidung im Unternehmen. 2., überarb. und erw. Aufl. München: Beck, S. 610–636.

Laue, Philip; Nink, Judith; Kremer, Sascha (2016): Das neue Datenschutzrecht in der betrieblichen Praxis. Baden-Baden: Nomos.

Loof, Ariane; Schefold, Christian (2016): EU-DSGVO: Endet die Verarbeitung personenbezogener Daten am 25. Mai 2018? Wie lange gelten Einwilligungserklärungen nach § 4a BDSG noch fort? In: ZRFC (4), S. 179–186.

Datenschutz von A - Z (2012). Unter Mitarbeit von Gerda Lüpke-Räder. Freiburg: Haufe-Lexware.

Mack, S. (2010): Internes Kontrollsystem und Internal Control System. Online verfügbar unter http://www.aufbewahrungspflicht.de/IKSICS/IKSICS.htm#COSOMODELL, zuletzt geprüft am 26.03.2017.

Maier, Natalie; Ossoinig, Verena (2017): 2017b Betriebliche und behördliche Datenschutzbeauftragte. In: Alexander Roßnagel (Hg.): Europäische Datenschutz-Grundverordnung. Vorrang des Unionsrechts - Anwendbarkeit des nationalen Rechts. Baden-Baden: Nomos (NomosPraxis), S. 206–215.

Marnitz, Laura von (2011): Compliance-Management für mittelständische Unternehmen. Ein Modell für die Praxis. Zugl.: Hamburg, Univ., Diss., 2011. Hamburg: Kovač.

Marosi, Johannes (2017): Das TMG vor und nach der DSGVO - was bleibt, was kommt. In: Maximilian Becker, Anne Lauber-Rönsberg und Louisa Specht (Hg.): Medienrecht im Medienumbruch: Nomos Verlagsgesellschaft mbH & Co. KG, S. 225–244.

Marshall, Kevin (2017): Datenschutz-Folgenabschätzung und Dokumentation. In: Alexander Roßnagel (Hg.): Europäische Datenschutz-Grundverordnung. Vorrang des Unionsrechts - Anwendbarkeit des nationalen Rechts. Baden-Baden: Nomos (NomosPraxis), S. 156–165.

Martini, Mario (2017): Kommentar zu Art. 33. In: Boris P. Paal, Daniel A. Pauly, Stefan Ernst, Eike Michael Frenzel, Barbara Körffer und Mario Martini (Hg.): Datenschutz-Grundverordnung. München: C.H.Beck (Beck'sche Kompakt-Kommentare), S. 410–426.

Mengel, Anja (2009): Compliance und Arbeitsrecht. Implementierung, Durchsetzung - Organisation. München: Beck.

Mentzel, Klaus (2013): Integritätsmanagement als Waffe gegen Wirtschaftskriminalität. In: Helmut Görling, Cornelia Inderst und Britta Bannenberg (Hg.): Compliance. Aufbau, Management, Risikobereiche. 2., neu bearb. Aufl. Heidelberg, Hamburg: C. F. Müller (Wirtschaftsrecht), 166-178.

Menzies, Christof (2006): Sarbanes-Oxley und Corporate Compliance. Nachhaltigkeit, Optimierung, Integration. Stuttgart: Schäffer-Poeschel.

Moosmayer, Klaus (2012): Compliance. Praxisleitfaden für Unternehmen. 2. Aufl. München: Beck.

Napokoj, Elke Maria (2010): Einführung. In: Elke Maria Napokoj (Hg.): Risikominimierung durch Corporate Compliance. Wien: MANZ (Handbuch), S. 1–16.

Neuhaus, Carla (2012): So funktioniert das Geschäft mit den Daten. In: Der Tagesspiegel, 10.07.2012. Online verfügbar unter http://www.tagesspiegel.de/politik/adresshandel-so-funktioniert-das-geschaeft-mit-den-daten/6857990.html, zuletzt geprüft am 23.06.2017.

o. V. (2017): Zertifizierungen gemäß EU-DSGVO. Online verfügbar unter https://www.datenschutz-notizen.de/zertifizierungen-gem-eu-dsgvo-2217715, zuletzt geprüft am 05.05.2017.

Paal, Boris P. (2017a): Kommentar zu Art. 18 Recht auf Einschränkung der Verarbeitung. In: Boris P. Paal, Daniel A. Pauly, Stefan Ernst, Eike Michael Frenzel, Barbara Körffer und Mario Martini (Hg.): Datenschutz-Grundverordnung. München: C.H.Beck (Beck'sche Kompakt-Kommentare), S. 216–221.

Paal, Boris P. (2017b): Kommentar zu Art. 17 Recht auf Löschung. In: Boris P. Paal, Daniel A. Pauly, Stefan Ernst, Eike Michael Frenzel, Barbara Körffer und Mario Martini (Hg.): Datenschutz-Grundverordnung. München: C.H.Beck (Beck'sche Kompakt-Kommentare), S. 202–216.

Pauly, Daniel A. (2017): Übermittlungen personenbezogener Daten an Drittländer oder an internationale Organisationen. In: Boris P. Paal, Daniel A. Pauly, Stefan Ernst, Eike Michael Frenzel, Barbara Körffer und Mario Martini (Hg.): Datenschutz-Grundverordnung. München: C.H.Beck (Beck'sche Kompakt-Kommentare), S. 537–602.

Peifer, K. N. (2016): Lauterkeitsrecht. Das Wettbewerbsrecht (UWG) in Systematik und Fallbearbeitung: De Gruyter.

Petsche, Alexander (2011): Was ist Compliance? In: Alexander Petsche und Karin Mair (Hg.): Handbuch Compliance. Grundlagen & Risikofelder, Implementierung von Compliance-Systemen, interne Untersuchungen & Risikoprävention. Wien: LexisNexis, S. 1–30.

Petsche, Alexander; Larcher, Daniel (2011): Criminal Compliance. Anti-Korruption. In: Alexander Petsche und Karin Mair (Hg.): Handbuch Compliance. Grundlagen & Risikofelder, Implementierung von Compliance-Systemen, interne Untersuchungen &. Wien: LexisNexis, S. 31–68.

Plath, Kai-Uwe (2016): § 9 BDSG. In: Kai-Uwe Plath (Hg.): BDSG / DSGVO. Kommentar zum BDSG und zur DSGVO sowie den Datenschutzbestimmungen des TMG und TKG. 2. Auflage. Köln, Saarbrücken: Verlag Dr. Otto Schmidt; Juris, S. 348–370.

Pötters, Stephan; Wybitul, Tim; Böhm, Wolf-Tassilo (2017): Kommentar zu Art. 88 DSGVO. In: Tim Wybitul (Hg.): Handbuch EU-Datenschutz-Grundverordnung. Unter Mitarbeit von Christoph Bausewein. Frankfurt am Main: Fachmedien Recht und Wirtschaft (Schriftenreihe Kommunikation & Recht), S. 757–768.

Quentmeier, Helma (2012): Praxishandbuch Compliance. Grundlagen, Ziele und Praxistipps für Nicht-Juristen. Wiesbaden: Gabler.

Rath, Michael; Sponholz, Rainer (2009): IT-Compliance. Erfolgreiches Management regulatorischer Anforderungen. Berlin: Erich Schmidt.

Rauer, Nils; Ettig, Diana (2017): Allgemeine Bestimmungen. In: Tim Wybitul (Hg.): Handbuch EU-Datenschutz-Grundverordnung. Unter Mitarbeit von Christoph Bausewein. Frankfurt am Main: Fachmedien Recht und Wirtschaft (Schriftenreihe Kommunikation & Recht), S. 182–199.

Regierungskommission Deutscher Corporate Governance Kodex (2017): DEUTSCHER CORPORATE GOVERNANCE - KODEX. 4.1.3 Vorstand. Online verfügbar unter http://www.dcgk.de/de/kodex/aktuelle-fassung/vorstand.html, zuletzt geprüft am 27.05.2017.

Roßnagel, Alexander (2017): Das neue Datenschutzrecht - Fort- oder Rückschritt? In: Alexander Roßnagel (Hg.): Europäische Datenschutz-Grundverordnung. Vorrang des Unionsrechts - Anwendbarkeit des nationalen Rechts. Baden-Baden: Nomos (NomosPraxis), S. 327–330.

Rudkowski, Lena; Schreiber, Alexander (2015): Aufklärung von Compliance-Verstößen. Whistleblowing, Arbeitnehmerüberwachung, Auskunftspflichten. Wiesbaden: Springer Gabler.

Rüter, A.; Schröder, J.; Göldner, A.; Niebuhr, J. (2010): IT-Governance in der Praxis. Erfolgreiche Positionierung der IT im Unternehmen. Anleitung zur erfolgreichen Umsetzung regulatorischer und wettbewerbsbedingter Anforderungen: Springer Berlin Heidelberg.

Sachs, Andreas (2017): Datenschutz morgen. Vorgaben zur IT-Sicherheit in der EU-DSGVO. In: IT-Sicherheit (1), S. 62–64.

Sädtler, Stephan (2016): Rechtskonformes Identitätsmanagement im Cloud Computing. Dissertation: Springer Berlin Heidelberg.

Schirmbacher, Martin (2016): EU-Datenschutzgrundverordnung: Sollten wir uns darum (jetzt schon) kümmern? Online verfügbar unter https://de.onpage.org/blog/eu-datenschutzgrundverordnung-sollten-wir-uns-darum-jetzt-schon-kuemmern, zuletzt geprüft am 23.06.2017.

Schmidl, Michael (2010): Recht der IT-Sicherheit. In: Christoph E. Hauschka und Christoph Besch (Hg.): Corporate Compliance. Handbuch der Haftungsvermeidung im Unternehmen. 2., überarb. und erw. Aufl. München: Beck, S. 701–807.

Schmidt, Bernd (2010): Compliance in Kapitalgesellschaften. Zugl.: Oldenburg, Univ., Diss., 2010. Baden-Baden: Nomos.

Schmitz, Barbara; Dall'Armi, Jonas von (2017): Datenschutz-Folgenabschätzung. - verstehen und anwenden. In: ZD Zeitschrift für Datenschutz 7. (2), S. 57–64.

Schneider, Jochen (2017): Datenschutz. Nach der EU-Datenschutz-Grundverordnung. 1st ed. München: C.H. Beck.

Schoppe, Christian (2013): Tax Compliance. In: Stefan Behringer (Hg.): Compliance kompakt. Best Practice im Compliance-Management. 3., neu bearb. Aufl. Berlin: E. Schmidt, S. 167–186.

Schrems, Maximilian (2016): Die DSGVO als Produkt von Lobbyismus und Tauschhandel. In: Rainer Knyrim (Hg.): Datenschutz-Grundverordnung. Praxishandbuch. Wien: MANZ, S. 33–37.

Schrey, Joachim (2013): IT/Elektronische Kommunikation. In: Helmut Görling, Cornelia Inderst und Britta Bannenberg (Hg.): Compliance. Aufbau, Management, Risikobereiche. 2., neu bearb. Aufl. Heidelberg, Hamburg: C. F. Müller (Wirtschaftsrecht), S. 207–221.

Schumacher, Harald; Seiwert, Martin; Littmann, Saskia (2017): Mächtig unbeliebt. In: WirtschaftsWoche, 28.04.2017 (18), S. 42–44.

Schürmann, Kathrin (2017): Werbung und (Online-)Marketing nach dem neuen EU-Datenschutzrecht. In: Datenschutz-Berater (3), S. 54–56.

SecurIntegration GmbH (2008): GRC in SAP-Umgebungen. [Governance - Risk - Compliance ; die wichtigsten gesetzlichen Anforderungen ; alle SAP GRC-Tools ; Best Practices: Implementierung der SAP GRC Access Control Suite]. Heidelberg: mitp.

Shahd, Maurice; Dehmel, Susanne (2015): Bitcom zur EU-Datenschutzgrundverordnung. Bitcom. Online verfügbar unter https://www.bitkom.org/Presse/Presseinformation/Bitkom-zur-EU-Datenschutzverordnung.html, zuletzt geprüft am 14.04.2017.

Sowa, Aleksandra (2017): Management der Informationssicherheit. Kontrolle und Optimierung. Wiesbaden: Springer Vieweg.

Strohmaier, Thomas (2016): Vom zertifiziert richtigen Verhalten. In: Rainer Knyrim (Hg.): Datenschutz-Grundverordnung. Praxishandbuch. Wien: MANZ, S. 243–251.

Thomale, Philipp-Christian (2006): Die Privilegierung der Medien im deutschen Datenschutzrecht. Zur Umsetzung der EG-Datenschutzrichtlinie hinsichtlich der journalistisch-redaktionellen Verarbeitung personenbezogener Daten. Wiesbaden: Deutscher Universitäts-Verlag / GWV Fachverlage GmbH Wiesbaden.

TÜV Süd (Hg.) (2015): Ergebnisse Datenschutzindikator 2014. Unternehmen halten zum Teil widerrechtlich personenbezogene Daten ein. Online verfügbar unter http://www.tuev-sued.de/fokus-themen/it-security/datenschutzindikator/ergebnisse, zuletzt geprüft am 24.06.2017.

Ulmer, Claus-Dieter (2016): Europäische Datenschutz-Grundverordnung. Interpretationsbedarfe für Unternehmen und erste Lösungen. Telekom. Online verfügbar unter https://www.telekom.com/de/webseite-durchsuchen?query=interpretationsbedarfe, zuletzt geprüft am 24.06.2017.

Watkins, Neil (2016): Nach Safe Harbour. Datenschutz unter dem EU U.S Privacy Shield. In: ZRFC 11 (6), S. 259–261.

Weber-Rey (2013): Compliance und Aufsichtsrecht. In: Helmut Görling, Cornelia Inderst und Britta Bannenberg (Hg.): Compliance. Aufbau, Management, Risikobereiche. 2., neu bearb. Aufl. Heidelberg, Hamburg: C. F. Müller (Wirtschaftsrecht), S. 501–641.

Wecker, Gregor; Galla, Stefan (2009): Pflichten der Geschäftsleitung & Aufbau einer Compliance-Organisation. In: Gregor Wecker und Hendrik van Laak (Hg.): Compliance in der Unternehmerpraxis. 2. Aufl. Wiesbaden: Gabler, S. 49–72.

Wedde, Peter (2016): EU-Datenschutz-Grundverordnung. Kurzkommentar mit Synopse BDSG/EU-DSGVO.

Wegner, Carsten (2014): Schützt ein Compliance Management System vor einer Geldbuße nach § 130 OWiG? In: PStR (1), S. 19–23. Online verfügbar unter http://www.iww.de/pstr/schwerpunktthema/ordnungswidrigkeit-schuetzt-ein-compliance-management-system-vor-einer-geldbusse-nach-130-owig-f72069, zuletzt geprüft am 17.06.2017.

Westphal, Dietrich (2009): Grundlagen und Bausteine des europäischen Datenschutzrechts. In: L. Bauer und S. Reimer (Hg.): Handbuch Datenschutzrecht: facultas.wuv, S. 53–94.

Wieland, Josef (2010): Compliance Management als Corporate Governance. - konzeptionelle Grundlagen und Erfolgsfaktoren. In: Josef Wieland, Roland Steinmeyer und Stephan Grüninger (Hg.): Handbuch Compliance-Management. Konzeptionelle Grundlagen, praktische Erfolgsfaktoren, globale Herausforderungen. Berlin: Schmidt, S. 15–38.

Wybitul, Tim (2016a): EU-Datenschutz-Grundverordnung im Unternehmen. Unter Mitarbeit von Jana Bruns, Lukas Ströbel und Lukas von Gierke. Frankfurt am Main: Fachmedien Recht und Wirtschaft dfv Mediengruppe.

Wybitul, Tim (2016b): EU-Datenschutz-Grundverordnung. Streit um deutsches Ausführungsgesetz zum Datenschutz. Hg. v. Hogan Lovells Blog. Online verfügbar unter http://hoganlovells-blog.de/2016/09/09/eu-datenschutz-grundverordnung-streit-um-deutsches-ausfuehrungsgesetz-zum-datenschutz/, zuletzt aktualisiert am 09.09.2016, zuletzt geprüft am 26.05.2017.

Wybitul, Tim (2017a): Einleitung. Ziele, Umsetzung und Anwendung der DSGVO. In: Tim Wybitul (Hg.): Handbuch EU-Datenschutz-Grundverordnung. Unter Mitarbeit von Christoph Bausewein. Frankfurt am Main: Fachmedien Recht und Wirtschaft (Schriftenreihe Kommunikation & Recht), S. 2–9.

Wybitul, Tim (2017b): Einleitung. Projektplanung und Checkliste zur Umsetzung der DSGVO. In: Tim Wybitul (Hg.): Handbuch EU-Datenschutz-Grundverordnung. Unter Mitarbeit von Christoph Bausewein. Frankfurt am Main: Fachmedien Recht und Wirtschaft (Schriftenreihe Kommunikation & Recht), S. 107–123.

Verzeichnis der Gesetze

Aktiengesetz (AktG), Gesetz vom 06.09.1965 (BGBl. I S. 1089), in Kraft getreten am 01.01.1966,
zuletzt geändert durch Gesetz vom 11.04.2017 (BGBl. I S. 802) m.W.v. 19.04.2017.

Bundesdatenschutzgesetz (BDSG), in der Fassung der Bekanntmachung vom 14.01.2003 (BGBl. I S. 66), zuletzt geändert durch Gesetz vom 28.04.2017 (BGBl. I S. 968) m.W.v. 05.05.2017.

Gesetz gegen den unlauteren Wettbewerb (UWG), Gesetz vom 03.07.2004 (BGBl. I S. 1414), zuletzt geändert durch Gesetz vom 17.02.2016 (BGBl. I S. 233) m.W.v. 24.02.2016.

Gesetz über das Kreditwesen (KWG), in der Fassung der Bekanntmachung vom 09.09.1998 (BGBl. I S. 2776), zuletzt geändert durch Gesetz vom 06.06.2017 (BGBl. I S. 1495) m.W.v. 10.06.2017.

Gesetz über die Errichtung des Bundesamtes für Sicherheit in der Informationstechnik (BSI-Errichtungsgesetz - BSIG), G. v. 17.12.1990 BGBl. I S. 2834; aufgehoben durch Artikel 3 G. v. 14.08.2009 BGBl. I S. 2821, Geltung ab 01.01.1991; FNA: 200-4 Behördenaufbau

Gesetz über Ordnungswidrigkeiten (OWiG), in der Fassung der Bekanntmachung vom 19.02.1987 (BGBl. I S. 602), zuletzt geändert durch Gesetz vom 13.05.2015 (BGBl. I S. 706) m.W.v. 23.05.2015.

Gesetz zur Erhöhung der Sicherheit informationstechnischer Systeme (IT-Sicherheitsgesetz) v. 12. Juni 2015, Bundesgesetzblatt Teil I Nr. 20 vom 2. Mai 2016.

Grundgesetz für die Bundesrepublik Deutschland (GG) vom 23.05.1949 (BGBl. S. 1),
zuletzt geändert durch Gesetz vom 23.12.2014 (BGBl. I S. 2438) m.W.v. 01.01.2015.

Richtlinie 95/46/EG des Europäischen Parlaments und des Rates vom 24. Oktober 1995
zum Schutz natürlicher Personen bei der Verarbeitung personenbezogener Daten und zum freien Datenverkehr

Telekommunikationsgesetz (TKG), Gesetz vom 22.06.2004 (BGBl. I S. 1190), zuletzt geändert durch Gesetz vom 23.12.2016 (BGBl. I S. 3346) m.W.v. 31.12.2016.

Telemediengesetz (TMG), Gesetz vom 26.02.2007 (BGBl. I S. 179), in Kraft getreten am 01.03.2007,
zuletzt geändert durch Gesetz vom 21.07.2016 (BGBl. I S. 1766) m.W.v. 27.07.2016.

Verordnung (EU) 2016/679 des Europäischen Parlaments und des Rates vom 27. April 2016 zum Schutz natürlicher Personen bei der Verarbeitung personenbezogener Daten, zum freien Datenverkehr und zur Aufhebung der Richtlinie 95/46/EG"

Verordnung zur Konkretisierung der Verhaltensregeln und Organisationsanforderungen für Wertpapierdienstleistungsunternehmen (Wertpapierdienstleistungs-Verhaltens- und Organisationsverordnung - WpDVerOV), V. v. 20.07.2007 BGBl. I S. 1432 (Nr. 32); zuletzt geändert durch Artikel 16 Abs. 4 G. v. 30.06.2016 BGBl. I S. 1514, Geltung ab 01.11.2007.

Wertpapierhandelsgesetz (WpHG), In der Fassung der Bekanntmachung vom 09.09.1998 (BGBl. I S. 2708), zuletzt geändert durch Gesetz vom 11.04.2017 (BGBl. I S. 802) m.W.v. 19.04.2017